HANDBOOK OF YUZU

## 育てて楽しむ
## ユズ・柑橘(かんきつ)
### 栽培・利用加工

*Otoi Noboru*
音井 格

創森社

## 庭先にユズがあると重宝～序に代えて～

近年、ユズの苗木の需要が多く、全国的に足りないようです。その要因はいろいろ考えられますが、山間農地への植えつけがもっとも大きいと思われます。さらに、ユズは庭先果樹としても注目を浴びています。

庭先にユズがあると手軽に料理に利用でき、おしげもなく、ふんだんに使用できるからです。しかもユズを庭に植え、つくってみると、病害虫の被害が軽く、意外とつくりやすいことが、ユズに興味をもった人たちの間で広まっているからです。

5月には庭に咲いたユズの香りが、庭一面から家の中までただよってきます。花を採って、吸い物に入れるだけで、白い花と香りが料理をひきたたせ、食卓をにぎわせて食べる人を和ませ、明るい楽しい食事となります。まさに家にいてアロマテラピーを享受できるのです。

8月になると3～4cmの果実となり、果汁はわずかですが、果皮は濃緑色ですでにりっぱなユズになっています。一般に青玉、もしくは青玉果と呼ばれ、一部は市場に出荷されますが、自分の庭に成っているのですから、8月から10月まで料理のたびに収穫して使えます。

10月中～下旬になると果皮が黄色く着色して、緑色の中に黄金色の実が成っている様子は美しく、そして果実はより良いユズの香りとなり、果汁も豊富でユズ料理すべてに使える最高のときです。腕によりをかけて、計画的にユズ料理をつくりましょう。ユズ酢（果

汁)を取った後の皮は、変質しやすいので、できるだけ早く料理に使うことを忘れないでください。いろいろな料理をつくる楽しみ、味わう楽しみが庭のユズからできます。もちろん果実が成ることを夢見てユズの苗木を植え、育てることも大きな楽しみです。

著者は2002年3月に村上節太郎博士の著書『柑橘栽培地域の研究』を携えて岩手県、秋田県、山形県のユズ栽培を見聞してきました。

山形県酒田市近郊農家の庭先のユズは、太い鉄パイプで櫓のように組み上げ、最上部は波板トタンで屋根をつくり、側面はビニールシートで包み、頑丈に風雪からユズを守っていました。秋田県象潟町（現・にかほ市）、山形県遊佐町ではワラで家状の防寒施設をつくり、その中で花柚の樹を風雪から守っていました。これだけユズや花柚を愛し、大切に育てているのを見て、うれしく胸が熱くなりました。酒田市の方は、ユズ・柑橘（柑橘は暖かいところの作物）と聞けば暖かみを感じると話してくれました。この人は徳島のユズの苗木を購入し、植えてくれました。雪深く、栽培するのに苦労するところほど作物への愛情が深くなるのです。

私とユズとの出会いは1962年ですが、以来、ユズ産地の皆さん、研究者の方々とともに研究をし、研鑽を積んできました。自然科学は奥が深く、まだまだ目的地まで到達できません。今後もユズを中心に柑橘の研究を続けるつもりです。

この本を手にした皆さんに読んで楽しんでいただき、庭先などでユズはもとより、夏ミカン、キンカン、レモンなどの柑橘類をつくっていただければこの上もなく幸いです。

2009年　6月

音井　格

育てて楽しむユズ・柑橘　栽培・利用加工　　もくじ

庭先にユズがあると重宝〜序に代えて〜 2

## 第1章 ユズの魅力と種類・形態・利用　9

ユズの魅力を丸ごと満喫 10
　ユズの成分の特徴 10
　生薬としても使われるユズ 11
ユズの系統と種類、特徴 12
　「無核種」の特徴 12
　「早期結果種」と「普通種」 12
ユズの花の特徴と形状 14
　開花時期 14　花の形状 14
　よい花とは 15
ユズの果実の特徴と形状 16
　果実の形状 16　果実の内皮と果肉 16
　果実の生長と果汁量 16
ユズの望ましい樹形と樹高 18
　望ましい樹形 18　整枝のポイント 18
　ユズの葉の形状と特徴 20
　ユズの葉の状態 20
　ユズの枝と根の特徴 21
　　ユズの枝と根の状態 21
ユズの整枝・剪定と収穫 22
ユズの加工・保存食 23
ユズの搾汁と酢・飲み物 24

ユズ苗木の鉢植え

## 第2章 ユズの育て方・実らせ方 25

たわわに実ったユズの果実

庭先でのユズの育て方の要点
　苗木（接ぎ木苗） 26　栽培地と品種選定 26
　土壌管理 26　樹形をコンパクトに 27
　隔年結果対策はどうする 27

ユズの生育と年間作業暦 28
　1月～2月（花芽分化期） 28
　3月（発芽準備期） 28　4月（発芽伸長期）28
　5月（展葉・開花期） 28　6月（生理落果期） 28
　7月（夏枝伸長期） 28
　8～9月（果実肥大・秋枝伸長期） 29
　10～11月（果実着色・成熟期） 29

苗木の購入と植えつけ 30
　ユズの種類と苗木 30
　苗木の購入の注意点 30　苗木の植えつけ 30

鉢上げのメリットと手順 34
　鉢上げのポイント 34　鉢の大きさ 34
　鉢の土づくりと準備する物 34
　鉢上げの手順 34

移植の時期とポイント 36
　移植の時期 36　摘葉の目安 36
　掘り上げ 36　移植のポイント 36
　移植後の管理 37

ユズの樹形の仕立て方 38
　樹勢の強いユズ 38
　樹形を整える 39　誘引による効果 38

整枝・剪定（幼木、若木、成木）
　良質な結果を得るための剪定 42
　1年生苗木の剪定 43　2年生の剪定 44
　3年生の剪定 44
　4年生以降の若木の剪定 44　成木の剪定 46

摘蕾・摘果のポイント 48

5

## 第3章 ユズの使い方と加工・保存 61

- あると便利な用具と資材 60
- 主な害虫と対策 59
- 病害虫対策の基本 58
  - 気をつけたい病害虫とその対策 58
  - 主な病気と対策 58
- 水やりと防寒対策 57
- 土づくりの基本 56
- 施肥と水やり、防寒対策 56
  - 施肥の方法 56
- 穂木採取と接ぎ木の手順 54
- 台木準備と接ぎ木のポイント 54
  - 台木となるカラタチの育成 54
- 収穫・貯蔵のポイント 51
  - 果実の着色を見て収穫 52
  - 貯蔵の方法 52
- 隔年結果の防止対策 50
  - なぜ隔年結果になるのか 50
  - 隔年結果の原因と防止対策
- 摘蕾の目的とコツ 48  摘果の時期と目的 48

- ユズ酢の搾り方・使い方
  - ユズ酢の搾り方 62  ユズ酢の使い方 63

## 第4章 柑橘類の育て方・実らせ方 69

- 家庭果樹に向く柑橘類
  - 柑橘類の種類と魅力 70
  - 家庭果樹に向く柑橘類 70

- ユズの保存食・調理法・飲み物
  - ユズジャム 64  ユズマーマレード 64
  - ユズみそ 65  ユズコショウ 66
  - ユズピール 67  ユズ茶 67
  - ポン酢 68  ユズ酒 68

ユズ苗木に支柱を立てる

ユズの果実があると重宝

庭先果樹としての柑橘類 70
柑橘類の成分と効用 71
キンカンの育て方・実らせ方 72 栽培のポイント 72
栽培の特性と種類 72
花柚の育て方・実らせ方 74 栽培のポイント 74
栽培の特性と種類 74
スダチの育て方・実らせ方 76 栽培のポイント 76
栽培の特性と種類 76

カボスの育て方・実らせ方 78 栽培のポイント 78
栽培の特性と種類 78
レモン、ライムの育て方・実らせ方 80 栽培のポイント 80
栽培の特性と種類 80
ダイダイの育て方・実らせ方 82 栽培のポイント 82
栽培の特性と種類 82
夏ミカン、甘夏の育て方・実らせ方 84 栽培のポイント 85
栽培の特性と種類 84
ハッサクの育て方・実らせ方 86 栽培のポイント 87
栽培の特性と種類 86
温州ミカンの育て方・実らせ方 88 栽培のポイント 89
栽培の特性と種類 88
カラタチの育て方・実らせ方 90 栽培のポイント 90
栽培の特性と種類 90
柑橘類の地方品種いろいろ
珍しい地方品種 91

## 本書の読み方・使い方

● 本書の第1章から第3章まではユズの種類や魅力、生態などを紹介しながら、庭先やプランター、コンテナなどでの育て方、楽しみ方、さらに収穫した果実の生かし方を解説しています。

● 第4章では、ユズ以外の主要柑橘類の栽培特性やポイントなどを紹介しています。ちなみに柑橘類は分類学上、ミカン属、キンカン属、カラタチ属などに分けられ、とくにミカン属にはユズや温州ミカンなどの重要な柑橘が含まれています。

● 本書では家庭果樹としてのユズ・柑橘栽培を紹介していることもあり、病害虫防除のさい、人体に影響の少ない自然素材の防除剤、忌避剤、低毒性の農薬などの使用を主にした有機減農薬栽培を打ち出しています。

● 写真のほとんどは蜂谷秀人、野町豊の両氏によりますが、必要に応じて音井格、三宅岳、三戸森弘康、熊谷正、樫山信也などの各氏、さらに徳島県農業総合支援センター果樹研究所が撮影したものを掲載しています。

● 本文中の市町村名は合併したところが多く、( )内に合併後の市町村名を記しています。

● 栽培は関東南部、関西平野部を基準にしています。生育は種類、地域、気候、栽培管理などによって違ってきます。

ユズの樹を掘りあげる。断根部から細根が出ている状態

# 第1章

# ユズの魅力と種類・形態・利用

収穫直後のユズの果実

# ◆ユズの魅力を丸ごと満喫

果皮がまだ青いユズ（多田錦、9月）

ユズの開花

さわやかな香りがする柑橘類。世界中でもっとも多く栽培されている果樹が、柑橘類だといわれています。なかでも日本では、数多くの種類が栽培されています。

冬になると出まわる温州ミカンをはじめ、イヨカン、キンカン、ブンタン、タンゴール、グレープフルーツなど、そのまま生食しても美味しい種類や、スダチ、カボス、ユズなど、鍋料理などに風味を加えるのに欠かせない種類など多種多様です。

なかでもユズは、育てやすく、我が国では、奈良時代から各地で栽培されていました。

● ユズの成分の特徴

柑橘類のなかでも、とくにさわやかな香りと酸味を楽しむ種類を「香酸柑橘」といいます。日本には香酸柑橘は40種類ほどあり、ユズの近縁がたくさんあります。

これらは焼き魚やフライなどの香りづけ、鍋料理のポン酢、洋菓子類の香りづけに使われ、日本の食文化に欠かせない果樹になっています。

果汁中の有機酸は4～7％で、クエン酸がもっとも多く含まれています。

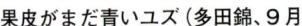

たわわに実った青玉の果実（多田錦、9月）

木頭樹姿6年生

収穫したばかりの黄金色の果実（山根系）

ユズのマーマレード（前）とジャム

クエン酸は腐敗菌の繁殖をおさえたり、疲労回復にも効果があります。また、とくに果皮にはビタミンCが多く含まれ、酸味とともに食欲増進の効果があります。

● 生薬としても使われるユズ

柑橘類は糖質やカルシウム、ビタミンを含み、栄養価が高いことが知られています。また、体調を調整する成分があり、その果皮などを乾燥させた陳皮や根実は、漢方薬の生薬として用いられています。

ユズの種を焼酎につけたユズローションは、手足のひび、あかぎれ、肌荒れに効果があります。種の粉末は腰や膝の痛みをやらげ、種の黒焼きはトゲぬき、喉の痛み、食あたりに効果があります。冬至のユズ湯はリュウマチ、神経痛、冷え性、腰痛、肩こりを和らげてくれます。このように、ユズの利用価値は、昔も今も非常に高いのです。

# ◆ユズの系統と種類、特徴

ユズの品種系統は、大きく分けて「無核種」と「普通種（優良系統）」のグループに分けることができます。

## ●「無核種」の特徴

「無核種」（果実に種が少ない、あるいはない種類）のユズには、「多田錦（ただにしき）」があります。多田錦は徳島県名西郡神山町（やまちょう）の多田謙一氏が、山口県の知り合いから無核ユズの果実をもらい受け、含まれていた種子をカラタチの台に接ぎ木をして生まれた品種です。

果実は大きくはありませんが、100g以上の果実が30％以上あり、ほとんどが80g以上の大きさになります。香りは少ないものの果汁が多く、種子がまれに含まれていても、ほとんどが無核です。果実の形は扁平で果皮は薄く、表面が滑らかです。樹勢は強いために育てやすく、トゲは成木になるときわめて小さくなります。

ユズの仲間のなかでは結実が早く、3年で結実し、隔年結果はなく、豊産性が高いのが特徴です。貯蔵性に優れ、収穫して2か月は保存できます。

## ●「早期結果種」と「普通種」

果実に、かいよう性こはん症の発生

収穫した果実（木頭系）

### ユズの品種・系統の例

| グループ | 品種・系統 |
|---|---|
| 無核種 | 多田錦 |
| 早期結果種 | 山根系、東地系 |
| 普通種 | 木頭系、海野系、平の香り、要、物部系、永野 |

注）①徳島、高知県下の栽培種だが、多田錦、山根系、木頭系などは優良種として全国的に普及している
②ユズ産地では、地域特有の品種・系統を栽培していることが多い

青玉果を収穫（10月）

多田錦の果実　　　　　　　　山根系の果実

木頭系の果実

要の果実

徳島県で早期結果種として「山根」、普通種として「海野」「木頭」「木頭7号」「要」「平の香り」など、高知県では普通種として「物部1号」「物部2号」「物部3号」「永野」などがあります。

なかでも山根系は樹勢は強く、トゲは小さく数も少なく、3年で結果をはじめ、5年で本格的な結果期に入ります。果実は100～140gと大きく、香りが強いのが特徴。

また海野系は樹勢は強くトゲは小さいが数は多く、豊産性で、小玉がやや多いのが特徴です。木頭系はトゲの大きさは中ぐらいで数は多く、豊産性のうえに大玉なのが特徴。いずれも多田錦同様、ユズの人気種となっています。

が少ないか、まったくない個体、ウイルスによるステムピッティング病が発生していない健全な個体、さらに果実の大きさが中～大で、形がそろったものが結実する個体を優良系統といいます。

# ◆ユズの花の特徴と形状

● 開花時期

ユズは柑橘類のなかでも、非常に耐寒性が強く、太平洋岸では岩手県の釜石市、陸前高田市、日本海側では秋田県の象潟町から山形県の遊佐町にかけた県境でも栽培されています。気温の低い地域では全体に遅くなりますが、5月ころから花をつけはじめ、下旬には満開となり、6月上旬に終わります。

温州ミカンよりも、平均して5〜7日ほど遅くなります。また、温州ミカンと比べると、花びらが厚ぼったく短いからです。

ユズがいっせいに開花（5月中旬）

● 花の形状

ユズの花を見ると、全体的に丸く、ずんぐりとした印象です。温州ミカンと比べると、花びらが厚ぼったく短いからです。

ユズの花びらの外側は、温州ミカンと異なり、蕾(つぼみ)のときは薄い紫色をおび

開花した庭植えのユズ

花と子房（上）。子房が肥大して果実となる

5月初め、蕾をつけはじめる

花と蕾。ユズの香りがただよう

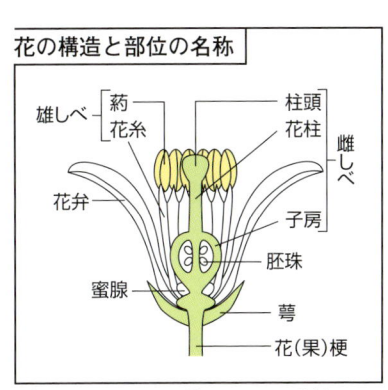

注）光江原図、および『よくわかる栽培12か月 柑橘類』（根角博久著、NHK出版）をもとに作図

## ●よい花とは

ユズのよい花を一言でいうと、子房（雌しべの一部で、花柱の下にある肥大した部分）の発達がよく、緑がかっていて蜜が多く、花粉量の多い花ということになります。普通、花梗枝は太く有葉花で、よくまとまっています。開花後すぐは花弁が落ちにくく、子房が肥大すると、落ちやすくなるのもよい花の特徴といえるでしょう。

ているものもあるが、花が開くにつれて紫色は薄れていきます。花びらの内側は白く、花弁にユズの香りを含んだ油胞があり、花が咲くとユズのさわやかな香りがただよってきます。

雄しべの花糸は、雌しべの周囲を筒状にとりまき、花粉量が多いのですが、開花しても落ちにくいために、灰色かび病が発生しやすくなります。花びら全体を支えている花梗は細く、花弁をとりかこむ萼片は5枚で、淡い緑色をしています。

# ◆ユズの果実の特徴と形状

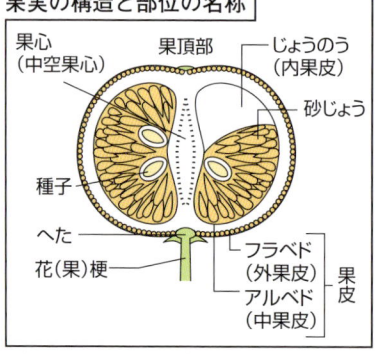

果実の構造と部位の名称

注）光江原図、および『よくわかる栽培12か月 柑橘類』（根角博久著、NHK出版）をもとに作図

ユズの青玉果（多田錦）

● 果実の形状

ユズの果実は、ほぼ球形をしていて、果頂部に乳頭（輪になった突起部）があります。

温州ミカンの場合、油胞が平らか、わずかに出ているために、果皮は滑らかですが、ユズは、ユズ特有の香りを含んでいる油胞が窪んでいるために、果皮の表面がザラザラして凹凸が激しく、俗にユズ肌ともいわれています。

● 果実の内皮と果肉

ユズは、内皮の白い繊維状の部分（アルベド）が、厚くて綿のようにやわらかです。普通、じょうのう膜と呼ばれる袋は、一つのユズに10室くらいで、一つの室に2～3個、全体としては30個前後の種子があり、種子が多いため に果汁量は少なくなります。

じょうのう膜のなかには、さらに砂じょうという袋がありますが、これはやわらかく果汁が多く、クエン酸を6％前後含み、酸味が強いのが特徴です。

● 果実の生長と果汁量

ほかの柑橘類と同じように、ユズも8～9月に大きくなり、10月になると肥大速度は緩慢になります。このころまで、果皮は濃緑色で青玉果といわれ

収穫した果実（要）

果実の比較

〈多田錦〉 〈木頭系〉

多田錦は木頭系などに比べ、小玉。ともに扁平状の球形で、果頭部に乳頭がある

縦断面。多田錦は無核種で種がなく、木頭系に比べ、内皮の白い繊維状の部分が少ない

横断面。多田錦は果汁が多いのが特徴。大玉の木頭系は香りや酸味が強く、普通種の優良系統に属する

る状態です。

暖かい地方では10月の中旬ころから黄玉に色づきはじめ、その後もわずかに肥大しますが、完全に色づくと、果皮と果肉の間にすき間ができる、浮き皮が顕著に見られるようになります。

果肉は果実の成熟にともない、発達が止まるのに対して、果皮はさらに発育してふくらむために、果肉と果皮との間にすき間ができてしまうのです。果汁の量は、果実が成熟するにつれて多くなり、九分ほどから完全に着色するまでの時期が、もっとも多くなります。

しかし、完全に着色し浮き皮が見られるようになると果汁量は少なくなり、したがってこの時期の搾汁率も低くなってしまいます。

第1章 ユズの魅力と種類・形態・利用

## ◆ユズの望ましい樹形と樹高

収穫間近の庭植えのユズ。樹高が低く、収穫しやすい

### ● 望ましい樹形

ユズの実生樹はまっすぐに生長し、2mくらい生育したところで枝が分岐することになります。

トゲのある品種では、枝の内部に結果すると、収穫にも気をつかわなければなりません。

また、カラタチの台木に接ぎ木したユズの苗木は一般の方々が求めることが多いのですが、地上から30〜60cmくらい伸びたところで、枝が分岐し主枝をつくります。主枝になる枝が発生してきたときに、整枝・剪定をおこないます。そのまま放置すると主枝が林立し、竹箒を逆さまに立てたような樹姿になってしまいます。

し、主枝をつくります。したがって主幹は長くなり、そのまま放置すると高位着果、つまり高いところに果実が実るべくコンパクトにまとめますが、そのためには、主枝を3本選び、ほかの枝を間引き剪定します。ユズは分岐角度が狭く、直立状に生育するため、整枝するときには、分岐部が裂けないように縄などで分岐部をしばり、開心自然形、もしくは盃状形仕立てにします。

また、主枝をできるだけ水平に開くように、思いきってヒモで誘引します。自分が考える樹形にするため、2〜3年かけて形を整えるようにしましょう（38頁〜参照）。

### ● 整枝のポイント

庭木としてユズを植える場合、なる春に伸びる枝は発生数が多いのですが短くそろい、夏や秋に伸びてくる夏梢や秋梢は長く徒長（過密や弱光などが原因で、植物が弱々しく細長く生長）しがちです。そこで小さいうちにかき取り、伸ばさないようにしながら主枝の形成をはかるようにします。

ボックス利用の根域制限栽培

ユズの放任樹。直立状に発育して樹高が高くなり、高位着果になりやすい

なお、樹勢が強い場合には、主幹を太い針金で締めつけるか、主幹の表面にナイフで切り込みを入れる環状カットをするとよいでしょう。

わりあいにコンパクトに仕上げた樹形（トゲの少ない多田錦の6年生）。低樹高で低位着果。樹高は6年生であれば2m以内、8年生であれば3m以内にとどめたい

## ユズなど柑橘類の望ましい樹形

主枝
亜主枝
亜主枝
亜主枝

開心自然形

あまり木を大きく立たせたくないときに仕立てる。光線が枝の内部にまで当たる

亜主枝

盃状形

# ◆ユズの葉の形状と特徴

1果当たりの葉数は50枚ほどが望ましい、といわれている

ユズの葉身は紡錘形で、ハート形の翼葉をもつ

● ユズの葉の状態

ユズの葉には翼葉（よくよう）があります。翼葉はユコウやブンタンにも見られます。温州ミカンの翼葉と比べると、ユズの翼葉は大きくハート形をしています。

新葉は光合成を盛んにおこなって、炭水化物をつくります。この炭水化物は樹の生育や果実の発育を促進するた

### 温州ミカンとユズの葉の形状

- 葉身
- 葉脈
- 支脈
- 中肋
- 翼葉
- 葉柄
- 翼葉は線状
- 葉柄
- 温州ミカンの葉
- ユズの葉

注）『ユズ～栽培から加工・利用まで～』（音井格著、農文協）をもとに作図

めには欠かせない養分です。したがって、新葉を病害虫から守り、季節風や乾燥によって、葉が早期に落葉しないように保護しなければなりません。

温州ミカンの落葉のピークは5～7月にかけてですが、ユズは11～12月ころ古い葉が大量に落葉します。結果していた枝の80％近くが落葉することもあります。

品質のよい実をつけるには、果実一つ当たりに50枚の葉が理想的といわれています。

春枝の新葉（右側）がしだいに緑化し、成葉となる

# ◆ユズの枝と根の特徴

ユズは年3回発芽・伸長。9月ごろから伸びたものは秋枝となる（多田錦）

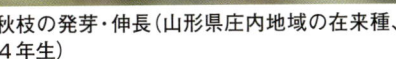
秋枝の発芽・伸長（山形県庄内地域の在来種、4年生）

## ●ユズの枝と根の状態

ユズは1年のうち春、夏、秋の3期に発芽します。春枝のトゲは2～3cmの長さがあり、枝の先端まで生えています。葉と葉の節間が短くて、つまっていることが多いので、このように充実した春枝の発生を多くし、早い時期に葉数を確保することが、収量の増加と品質の向上につながります。

夏枝、秋枝は、まん中から下部にかけてトゲをもつ

夏と秋の枝のトゲは基部ではかなり長く、先端に近づくにつれて短くなり、最先端にはない部分があります。木が若いときは夏秋枝を利用して樹冠の拡大をはかりますが、病害虫が発生しやすいので防除に気をつけましょう。

ユズの実生根は深根性で、細根の少ないゴボウ根です。カラタチに接ぎ木したユズの苗木は浅根性で細根が多く、いくぶん太い根です。

ユズは樹勢が強く、ゴボウ根といわれる太い根が多い

樹のまわりを掘る。ゴボウ根から細根が出ている

# ◆ユズの整枝・剪定と収穫

外向枝(夏枝)を剪定する

春枝は次年度の結果母枝となるので、結果位置を考慮しながら剪除

収穫作業(山根系)

採果ばさみで果梗を切る

高切りばさみで収穫(山根系)

大玉の収穫果(木頭系)

◆ユズの加工・保存食

オリジナルゆべし

ユズのマーマレード

ユズピール

ユズジャム

ユズ皮を釜にした焼きみそ

ユズみそ3種(左から合わせみそ、八丁みそ、天然醸造みそによる)

# ◆ユズの搾汁と酢・飲み物

ユズ酢（左）とポン酢

ユズ果汁の原料。多く採取したときに搾汁し、オリジナル調味料のユズ酢やポン酢などをつくる

自家製ユズジュース

搾汁したユズの果汁

本格ハンドミキサーで搾汁

簡易ハンドミキサーで搾汁

# 第2章

# ユズの育て方・実らせ方

収穫最盛期のユズ園

# ◆庭先でのユズの育て方の要点

## ●苗木（接ぎ木苗）

昔から「モモ、クリ3年、カキ8年、ウメはすいすい13年、ユズの大ばか20年」といわれてきました。これは種子をまいて、実生苗から育て、果実が実るまでの年月を表現した言葉です。これによるとユズの実生苗では、結実するまでに、20年もかかることになります。実際は10年くらいでも結実することもありますが、長い年月がかかることは確かです。

そこで、庭先で育てるには、カラタチの台木に接ぎ木をした接ぎ木苗を植えるようにします。苗木を入手するとき、品種名と接ぎ木苗であるかどうかを確認するようにします。

一般に接ぎ木苗は、植えてから3〜4年で結実し、トゲも小さく少なくなります。

## ●栽培地と品種選定

ユズは、柑橘類のなかでも、非常に寒さに強い品種です。

ユズの産地である徳島県では多田錦、ユズの香り、高知県では物部1号〜3号、山根、海野、木頭6号、7号、要、平永野などが優良品種として知られています。

ユズは、耐寒性に富んでいますから、むしろ寒地のほうが栽培に適し、徳島県の産地でも年間の平均気温は13℃。最低気温がマイナス7〜8℃で、時々、凍傷で枯れることもあります。

ユズの栽培適地の気温でみると、年間の平均気温が12℃以上で、最低気温がマイナス7℃以下にならないところが適しています。

## ●土壌管理

健康な木に育てるには、根が健全でなければなりません。そのためにはどのような土壌がよいのでしょうか。

pHが6〜6.5の微酸性土壌で、カリ、石灰、苦土がバランスよく含まれている土が適しています。さらに土壌深くまで空気が含まれ、水分をある程度、長い間保持でき、腐植の多い肥沃な土壌が理想的です。

土を改良する場合、土中に堆肥、稲ワラ、カヤ、草などの有機物をすき込むことで土が団粒化します。団粒化した土は通気、通水性がよくなり、水分

1年生の苗木（山根）

をよく保持することができます。逆に排水が悪く、いつまでも水がはけないような土はよくありません。

● 樹形をコンパクトに

ユズは、柑橘類のなかでも樹勢が強く、枝が縦に伸びやすく、横枝が出にくいという特徴があります。したがって放置しておくと、枝が直立してしまいます。

カラタチ台木に接ぎ木したユズは、地上から30〜60cmまで伸びると、主枝が分岐してきます。この時期に整枝を

ビニールテープで誘引

はじめます。主枝を、分岐部から裂けないようにヒモで誘引し、開心自然形か盃状形にコンパクトにまとめ、樹高が低くなるようにします。

また、1㎥のボックス（プラスチックを組み立てる）などを利用した根域制限栽培により、樹形をコンパクトに仕立てることもできます。

● 隔年結果対策はどうする

ユズは、隔年結果性の強い植物です。毎年収穫するには、「枝別全摘果」「夏肥重点施肥」「強い切り返し剪定」の3方法があります。

「枝別全摘果」は、7月末までに主枝、亜主枝単位、直径3cm以上の側枝単位

コンパクトな樹形

で、木の半分の容積を、全摘果する方法です。翌年、全摘果した部分に花がついて結実し、摘果しなかった枝にはほとんど花がつきません。

「夏肥重点施肥」は、5〜7月にかけて年間に与える肥料の60％を、集中して与える方法です。これにより葉っぱの緑色が増加し、それに伴って光合成が増加し隔年結果を改善できます。

また、「強い切り返し剪定」で、一樹の半分を裏年にします。当然ながら表年にした半分は剪定しません。このことを毎年、交互におこないます。

1㎥に植えたユズ（根域制限栽培）

# ◆ユズの生育と年間作業暦

## ●1～2月（花芽分化期）

1月から2月にかけて、花芽の分化時期にあたります。1月には土壌の酸性度診断をおこない、対策をたてておきます。2月には酸性度検査の結果に基づいて、苦土石灰（酸性が強い土壌を中和させるための肥料）をまいたり、部分的に深耕してすき込みます。

## ●3月（発芽準備期）

密植した枝を短縮したり、間引き剪定をおこないます。幼木の場合は枝の配置を考え、3本の主枝を選んで切り返し、整枝をおこないます。若木の場合は誘引して、整枝をおこない、成木は樹冠を短くなり下げ、密生した部分の間伐、側枝を短く切りそろえます。ちなみに整枝・剪定は上部から下に、大枝から小枝、枝先から枝元へとおこなうのが基本です。

3月上旬ころから、樹液の流動化が活発化してきます。

## ●4月（発芽伸長期）

3月下旬ころから木は、発芽に入り、4月の上旬から5月中旬ころまで、春枝が伸長します。苗木は2年生以上の大きな苗木を選んで定植し、成木の不良木は改植します。

接ぎ木は、カラタチの台木の芽が、2～3cmほど伸びたころにおこないます。また、そうか病の防除や春肥の施用、除草などをおこないます。

## ●5月（展葉・開花期）

5月中旬ころから花が咲きはじめ、根の伸長がはじまります。害虫が寄ってきますから、害虫の防除をおこない、灰色かび病、そうか病、黒点病の防除をします。5月下旬から6月上旬は開花の盛期です。黒点病やコナカイガラムシ類の防除をおこないます。また、夏肥を施用します。

## ●6月（生理落果期）

6月の上旬ころから落果するようになり、7月下旬まで、樹の下に生理落果がみられるようになります。果実が多いと、養分や水分がたくさん必要になります。夏にそなえて樹を維持するために、自ら果実の量を調整する現象が生理落果です。

## ●7月（夏枝伸長期）

7月から8月中旬までは、夏枝が伸長し、幼果が肥大してきます。除草のシーズン。乾燥期に入る前に、根元に敷き草します。下旬には青い実が生長してきます。この時期に100葉に1果に摘果します。

## ユズの生育と主な作業暦

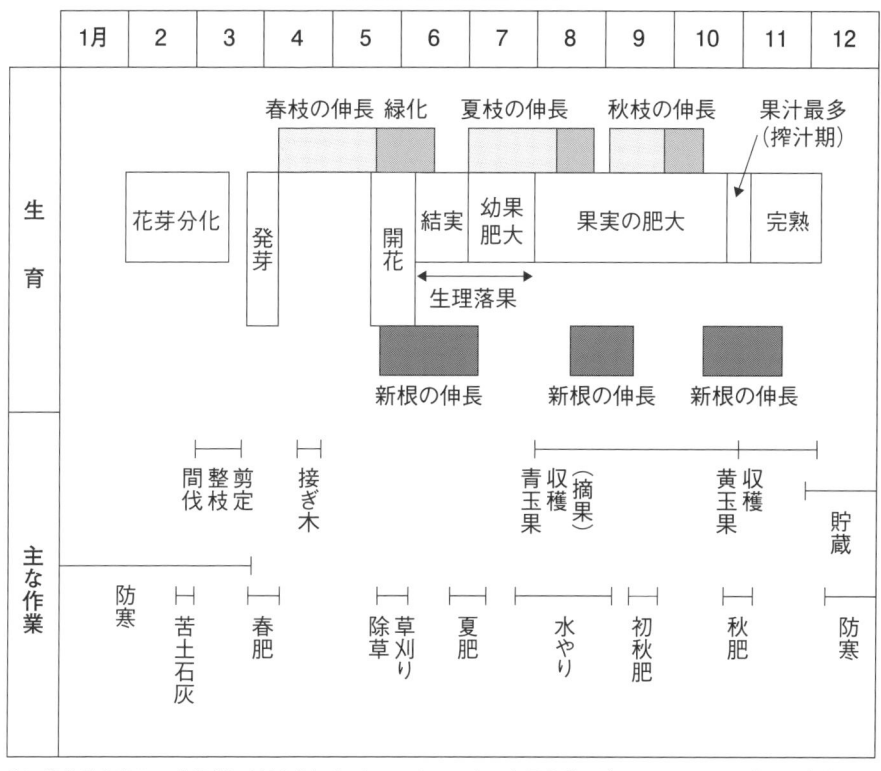

注）①花芽分化とは花芽（花が咲く芽）ができること。一定の生長段階に達するとでき、分化する条件や品種、地域、時期などによって差がある
②収穫する場合、8〜9月は青玉となり、10月ころから黄玉の収穫となる
③『ユズ〜栽培から加工・売り方まで〜』（音井格著、農文協）をもとに加工作成

● 8〜9月（果実肥大・秋枝伸長期）

8月中旬まで夏枝が伸長し、9月に入ると秋枝が伸長します。果実は肥大しつづけ、2回目の新根の伸長がみられます。収穫や摘果を適度におこない、また水やりをし、初秋肥を与えます。

また、7月下旬ころから8〜9月にかけて肥大した果実を青玉果として収穫します。

● 10〜11月（果実着色・成熟期）

10月中旬まで果実は肥大し、やがて黄色く着色したものから順次収穫します。6〜7割ほど着色したころが、最も果汁が多くなります。10月から11月下旬ころまで第3回の新根が伸長し、果実の完熟期に入ります。10月下旬には秋肥を施用します。

12月に入ったら防寒対策をします。コモや寒冷紗などで寒風に当たる部分を被覆し、地温が下がり過ぎないように敷き草、敷きワラで保持します。

# ◆苗木の購入と植えつけ

多く、酢を搾るのに適しています。

## ●ユズの種類と苗木

ユズにも「多田錦」「山根」「木頭」「要」「物部」など12～13頁でも紹介したとおり、いろいろな種類と系統があります。ここでは主なものとして次の3種を紹介しましょう。

### 多田錦
多田錦は結果が早く、種子がない（もしくは極端に少ない）品種。果汁量が

### 山根系
「山根」は、実が大きく結果が早い品種で、トゲが少ないこともあって初心者向き。ただ、寒さに弱いために、極端に気温の下がる寒冷地での栽培は、難しい場合もあります。

### 木頭系
この品種は樹勢が強く、果実は大きく生長します。隔年結果が少なく豊産

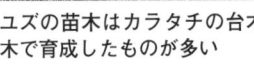

ユズの苗木はカラタチの台木に接ぎ木で育成したものが多い

性ですが、中ぐらいの大きさのトゲが、密生する特徴があります。

## ●苗木の購入の注意点

初心者が庭に植えて育てるのには、「多田錦」「山根」などがよいでしょう。

一般的にはカラタチの台木に接ぎ木した1～2年生のポット苗、実がついた鉢植えなども市販されています。

苗木を注文するときは、「ユズの苗木」といって注文すると、まれに実生苗が届くことがあります。実生苗は、実がつくまでに、10～20年の年数がかかります、かならず品種を確認し、接ぎ木苗を指定して注文するようにしましょう。接ぎ木苗ならば、3～5年ほどで、結果するようになります。

## ●苗木の植えつけ

### 初期生育が大切

庭にユズを植えつけるには、長径6～7メートルの空間があれば、十分に育てることができます。ユズは結果す

30

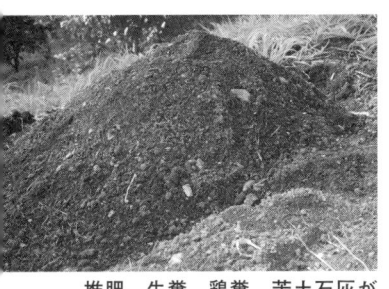
堆肥。牛糞、鶏糞、苦土石灰が混ざっている

採果ばさみと剪定のこぎり

癒合剤

ユズの市販苗木

苗木は、発芽前の3月下旬から4月上旬までに植えつけるようにします。購入した苗は、植える前に根についている土を洗い落とし、もし、先端が傷んでいる苗があったら、切り返します。さらに1年生苗木は、接ぎ木の部分から30〜40cm上部でカットします。

12月から2月の冬期に長径1m、深さ60cmくらいの穴を掘ります。掘りあげた土は、そのまま放置し、霜にあてて細かく砕くようにしておきます。

掘りあげた土に苦土石灰3kg、熔燐1kg、鶏糞と完熟堆肥各4kgを、土と混ぜながら埋め戻しておきます。

### 植えつけ

カラタチの台木に、接ぎ木したユズ苗を購入したら、苗木を植えつけるまで1〜2日の場合は、麻袋やコモなどを水に濡らし、根が乾燥しないように覆っておきます。3日以上過ぎて植える場合は、やわらかい畑の土に仮植えをし、十分水やりをしておきます。

るまでに植えてから3〜5年かかりますから、初期の生育が順調にはこぶように注意しましょう。

定植した苗木の初期生育を促すには、土壌の状態を肥沃で、かつ根が発達しやすいように、やわらかく耕しておくことが大切です。本格的な栽培の場合、

### 下処理をした苗木を植える

埋め戻しておいた土の表面に、植え穴をやや深く掘ります。根が土によくなじむように、できるだけ広げ、下の根から順に土をかけ、軽く押さえながら植えつけます。このとき、土を踏みつけて押さえると、生育が遅れる場合がありますので、過度に圧迫しないようにに注意しましょう。

植えたら、接いだ部分まで盛り土をし、まわりに水が流れ出さないように、土俵状の輪をつくってから水やりをします。水が浸透し盛り土が十分に湿ったところで、麻布や刈り草を敷いてから、さらにそれらが流れないように軽く水をかけ、土で覆っておくとよいで

しょう。植えつけ時期の、3月下旬から4月上旬というと、雨の多い時期ですが、とにかく乾燥するのを防ぐように管理することが大切です。

それから支柱を立てますが、支柱は斜めに立てるようにします。幹に沿わせて、根元近くにまっすぐに立てると、土の中で根が支柱に巻きつき、抜けなくなることがあるからです。

## ユズ苗木の植えつけ方

支柱
盛り土
ワラ
50〜60cm
粗大有機物（堆肥など）
80〜100cm

土俵状の輪をつくり、水を与える。竹などで支柱を斜めに立て、敷きワラをし、植えつけ完了

**寒冷地では「あんどん掛け」を**

寒冷地や山間地で、遅霜などが降りたり、極端に気温が下がることのあるような地方では、「あんどん掛け」をおこなうとよいでしょう。

植えつけた苗木のの四方に支柱を立てて、買い物用のビニール袋か肥料袋などでかこみ、冷気や冷たい風が、直接当たらないようにします。こうした保温により、初期生育を促すこともできます。

### 肥料と病害虫対策

植えつけてから2週間後に、ユズは発芽をはじめます。この時期から、月に1回の割合で肥料を施すようにします。1回の分量は、1樹当たり化成肥料（チッソ、リン酸、カリのうち2成分以上が含まれている肥料）を、一握り程度与えます。ほかに鶏糞、油かす、魚かすなど有機肥料を、株元から離して施すとよいでしょう。

新梢が発芽してくるとアブラムシ、ハモグリガ、アゲハチョウの幼虫が寄

生して、被害を与えるようになります。そこで新梢が3cmくらい伸びたころに、1回目の防除をおこない、10日ほどたったところで、新梢が伸びて新葉に開いた時期に2回目の防除をおこないます。さらに10日ほどすると、1回目に防除した梢新葉は緑化し、同時にやわらかい新梢葉が伸びてきます。この時期に、3回目の防除をおこないます。

また、雑草が伸びてきますが、適度な雑草は降雨による表土の流出を防ぎ、土壌温度を適度に保ってくれます。ところが伸びすぎると、幹にカミキリムシが産卵しやすくなり、被害を受けるので、雑草が伸びすぎた場合は除草しましょう。

とにかく、幼木時期の管理が、その後の生育の善し悪しを左右します。したがって生育停滞や病害虫の被害、気象災害を避けるように注意を払いながら育てるようにしてください。

## 〈苗木の植えつけの手順〉

⑧水を与える

⑤地表面と接ぎ口の高さが同じになるよう苗木を据える

①植え穴を掘る(深さ60cmほど)

⑨マルチを敷く(稲ワラ)

⑥苗木の周囲に土を埋め込む

②堆肥を入れる

③苗木を切る(接いだところから約30cm上の部分)

⑩さらに水を与える

⑦支柱をつける

④切り口に癒合剤を塗る

# ◆鉢上げのメリットと手順

## ●鉢上げのポイント

ユズを庭に植えると樹が大きくなるが、その分、根も土中に繁茂しています。鉢植えにすると、ユズの根は鉢の容積だけしか繁茂できません（根域制限と呼びます）。

庭や畑に植えられたのとは異なり、根から養水分の吸収が少なく、葉では光合成を盛んにおこない、炭水化物を枝葉に蓄積するので花が早く咲き、実が成ります。

鉢の大きさにもよるが、直径30cmの尺鉢では、1年生苗木植えつけ2年目にはユズの実が1～3個成ります。しかし、樹の寿命は短く、4年も経つと細根の活力が低下し、あるいは腐敗してきます。この現象を樹の梢枝が枯れることで把握できます。また果実が成るのが少なくなるので、5年くらいで植え替えるとよいでしょう。

## ●鉢の大きさ

早く多くユズの実を取りたい方は、尺鉢（10号）に植え鉢を多くつくるとよいでしょう。

直径50cm鉢（15号）だと7年余りつくれます。大きい鉢は、根が繁茂できる分、樹が大きくなります。また、実が成るのも小さい鉢より1年遅れます。しかし、着果量は樹が大きいのでその分多くなります。

直径1mのコンクリート製井戸枠やプラスチック製ボックスに植えると、10年余りつくれます。

## ●鉢の土づくりと準備する物

鉢の用土は畑の土3：完熟堆肥1の割合で混合し、できれば2か月程度寝かしておきます。

これらの混合した土10ℓに溶燐10g、苦土石灰20gを混合して鉢土として使用します。

また、鉢の排水をよくするために、軽石のような鉢底石、バラス石などを深さの10%程度に敷きます。

なお、あらかじめバケツに水を入れ、植えつけるユズ苗木の根が乾燥しないよう浸けておきます。

## ●鉢上げの手順

ここで、鉢上げの主な手順について紹介しましょう。

① 植木鉢に鉢底石、またはバラス石を5cmほどの高さになるまで入れる。

② 混合した鉢土を植木鉢の半分の高さまで入れる。

③ 苗木の根についている土を、水の中で軽くゆすり落とし、苗木掘り上げ時に切断された根先を切り直す。トゲを剪除して作業しやすいようにする。

## 〈鉢上げの手順〉

⑥接ぎ部から30～40cm上の部分を切る

⑦切り口に癒合剤を塗る

③苗木を中央に据える（1年生の山根）

④接ぎ部が鉢の高さになるようにする

⑤土を加える

①鉢に鉢底石を5cmほどの鉢高さになるまで入れる

②畑の土を半分の高さになるまで入れる

⑧水を与える

④苗木を鉢の中央に据え、深植えにならないよう接ぎ木部が鉢の高さになるように、根を張らし、下の根から順次土をかけ、鉢の上まで混合土を入れる。苗木の長さを植える前に接ぎ木部で切ってもよいが、植えつけた後で接ぎ木部から30cm（細い苗木）～40cm（太い苗木）上で切る。切り口には癒合剤を塗布する。

⑤植えつけが終われば、鉢の底から水が流れ出るほど十分に水やりをすると、植えつけ完了となる。

⑥2年生などの大苗は、根が多いもの、長いものがあり、そのままでは鉢内に根を収めにくい。そこで、長い根は短く、多い根は間引き、鉢内で根が広がっているように植える。

枝葉は、葉からの水分の蒸散と、根からの水分の吸収とのバランスを考慮し、水やりが十分できたとしても50%以上の摘葉が必要であり、根を剪除したことを考え合わせると、70%を摘葉する。

# ◆移植の時期とポイント

## ●移植の時期

移植をする時期と同様に、1年生、2年生を定植する時期と同様に、発芽前の3月から4月の上旬までにおこなうようにします。

大きく生長した樹を移植する場合は、掘り上げるときにチェーンブロックで吊り上げたりします。このとき樹皮に傷がつき、樹に負担をかけることになります。その負担を軽減するために、樹液の流動が活発でなく、樹皮がむけにくい春先におこないます。

## ●摘葉の目安

移植の前に剪定をしますが、摘みとる葉の分量は、掘り上げたときの根の量、根のなかでもとくに細根の量で着葉量を決めます。一般的に、根の量が多い場合は葉をつけておき、根が少ない場合は、葉を摘みとって着葉量を少なくします。

剪定は2年生、3年生では葉を30％ほど残し、70％は摘みとります。このとき主枝の候補になる枝に重なっていたり、交差している枝は、摘葉前に剪定します。

また、5年生以上になる成木の場合は、主枝の高さを人の背丈とおなじくらいの高さで剪定します。亜主枝は主枝より短くし、側枝はできるだけ短くカットします。葉がパラパラと残る程度に剪定したあとのような状態にすると、植え替えの際の運搬を、楽におこなうことができます。

## ●掘り上げ

掘るときには、一番下の枝先に合わせて根元に円を描きます。大体、直径で1.5mもあればよいでしょう。鍬で円の外を掘り、スコップで60cmほど掘り下げ、そのときに現れた根は、剪定鋸などで切りとります。

ついで、幹に麻布を巻きつけ、その上にロープをかけ、チェーンブロックで吊り上げます。やや吊り上がったところで、根についている土を竹ベラで落とせるだけ落とします。掘り上げたら根が乾かないように、麻袋やコモなどで覆い、十分に水やりして乾かないように運搬します。

## ●移植のポイント

樹を、あらかじめ掘っておいた植え穴の上に置き、植える前に、傷がついた根や穴からはみでるような根を切ります。穴の中に設置したら、下の根から順番に土をかけて埋め戻します。最後は、株元のまわりに土俵をつくり、水やりしてから土俵の周囲にも、たっぷりと水を与え、ワラや草を敷いて乾

## ユズ若木の移植のポイント

2～3年生で葉を70％ほど摘みとる

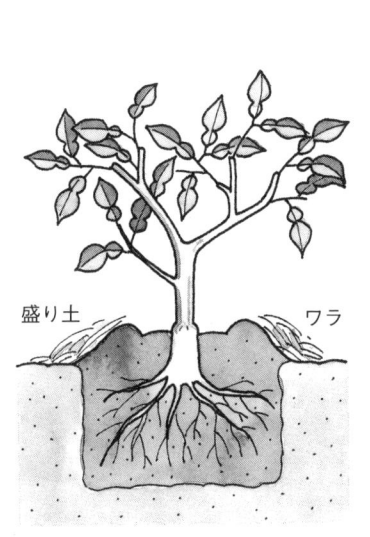

盛り土　ワラ

移植後、土を埋め戻す。さらに土俵状に盛り土をし、水を与える

下の枝先に合わせて根元に円を描き、円の外をスコップで掘る

はみ出た根を落とす

燥しないように予防します。

植えつけたときの細根の量をみて、再度、剪定や摘葉をおこないます。地上部と地下部のバランスをとることが大切です。根から吸収する水分量と、葉から蒸発する水分量がアンバランスだと、植えたあとに落葉し、発育が遅れ、生育がスムーズにいかないこともあります。

● 移植後の管理

　移植後は土が乾かないように水やりするが、その場合、なるべくお米のとぎ汁を与えるようにします。糠で土の孔隙がつまり、水の浸入が悪くなったら軽く中耕します。米糠は植物にやさしい肥料です。

　1か月後、化成肥料を一握りほど与えます。新梢が伸びてくるころにはアブラムシ、ハモグリが寄生します、発見しだいゴム手袋をして幼虫をすりつぶすか、薬剤で防除します。

# ◆ユズの樹形の仕立て方

## ●樹勢の強いユズ

ユズは、柑橘類の仲間のなかでも、樹勢の強い植物です。そのために、樹勢の強い枝がまっすぐに上にむかって伸び、横枝（水平枝）が出にくいという特徴があります。

ちなみに、実生樹の場合、直立状に伸び、2mくらいまで伸びたところで枝が分かれて主枝をつくります。カラタチの台木に接ぎ木したユズは、地上から30〜60cmくらい伸びたところで、枝が分かれて主枝をつくります。

さて、ユズは4月上旬ころから春枝が伸びはじめます。しかし、この時期に伸びる枝は短く、樹冠は7月ころから伸びはじめる夏秋枝（徒長枝）によってつくられていきます。

夏秋枝は、放置しておくと上にむかってまっすぐに伸びるために、分岐角度が狭く、直立状に枝が林立します。下枝がないために、まるで竹箒（たけぼうき）を逆さに立てたような姿になってしまいます。樹も高くなるので、実がつく位置も高くなってしまいます。

結果位置が高くなると、採取するのにやっかいなうえ、風で枝が揺すられると果実に傷がついたりします。さらに、病害虫の防除作業などの栽培管理も難しくなります。

ユズの放任樹（樹齢18年）

よい品質のユズを収穫するには、枝を誘引したりして低い位置に実がつくように、整える必要があります。

## ●誘引による効果

誘引とは、直立しがちな枝を、ヒモで下方に引っぱり、寝かせることです。樹の背丈を低くおさえ、低位置に着果させるには大切な作業で、剪定を最小限にとどめ誘引を重視しましょう。なぜなら、剪定は枝（栄養体）を切ることで、炭水化物（C）とチッソ（N）の比率が低下し、樹が若返り枝の伸長をさらに促してしまうからです。

それに対して、誘引は枝の成熟を早め、炭水化物とチッソの比率を上昇させ花をつけます。つまり枝が直立していると、葉で生産された炭水化物が、ストレートに株元に下りてしまいます。それに対して、誘引して横にはわせた枝でつくられた炭水化物は、上がりにくく、また株元に下りにくいため、葉に蓄積されることになります。このた管理を容易にし、早い結果を促し、

## ユズなど柑橘類の基本樹形（開心自然形）

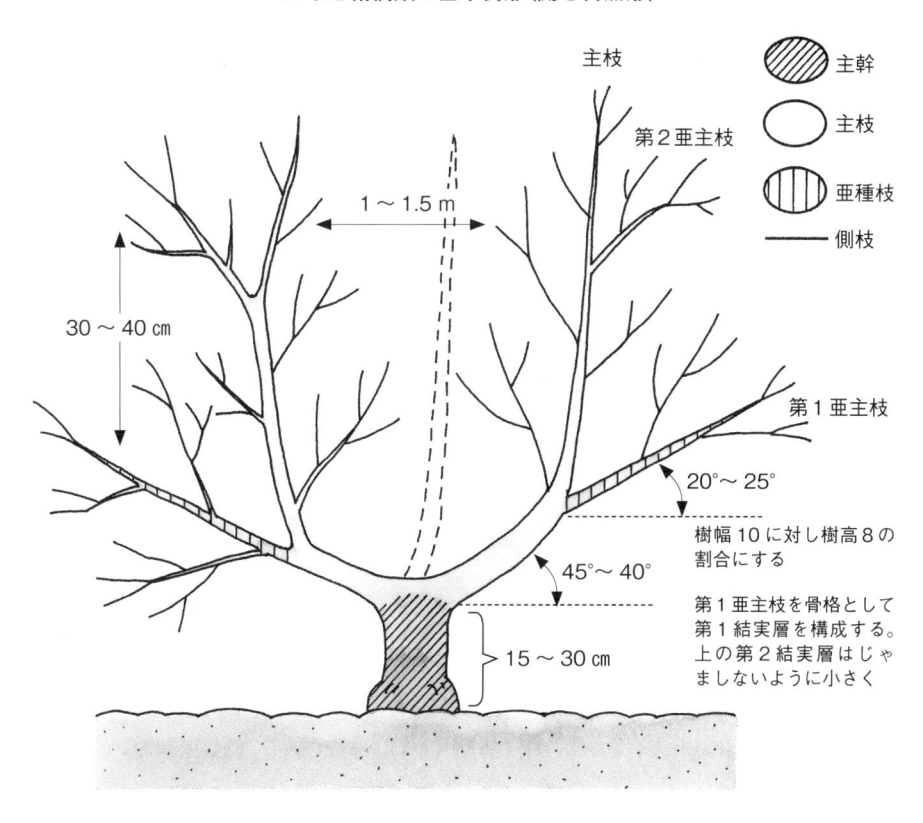

図中ラベル：
- 主枝
- 第2亜主枝
- 第1亜主枝
- 1〜1.5m
- 30〜40cm
- 20°〜25°
- 45°〜40°
- 15〜30cm
- 樹幅10に対し樹高8の割合にする
- 第1亜主枝を骨格として第1結実層を構成する。上の第2結実層はじゃましないように小さく

凡例：
- 主幹
- 主枝
- 亜種枝
- 側枝

注）①『果樹』（永澤勝雄ほか著、実教出版）をもとに作成
　　②ユズは徒長した枝の先のほうに緑枝をつけ、枝を形づくる

めに、早めに花がつき着果も早まることになります。着果すると、さらに炭水化物とチッソの比率が上昇するという結果をもたらします。

このように、誘引は樹の高さをおさえるだけではなく、早く実をつけさせることになります。3年生の樹で、6月下旬ころに亜主枝を誘引すると、翌年には誘引した枝に結果がみられます。樹形を整えるための誘引は、通常、樹液がまわりだした3〜4月の剪定の時期におこないます。

●樹形を整える

**どのような樹姿にするか**

広い圃場でユズを育てるならば、周囲をあまり気にしなくてもよいのですが、庭など限られたスペースに植えるには、なるべくコンパクトな樹姿にするようにしましょう。

一般的には半球形、または長楕円形、傘形などがよいでしょう。樹を低く育て、低い位置に着果するように整えま

しょう。

一般的に、主幹から伸びた主枝を誘引して開く「開心自然形」、もしくは「盃状形」にします。勢いのある主枝を3本ほど残し、ほかの枝は剪除します。定植してから、3～4年生の主枝を誘引しますが、ユズは分岐角度が狭いので、分岐部が裂けないように注意してください。

**ユズの誘引の例**

裂けないようにしばっておく

〈2年目の誘引〉

木の股が裂けないように結ぶ

〈4年目の誘引〉

を払いましょう。

株の周囲に、支柱を抜けないようにおくと樹形が乱れてしまいます。そこで、主枝や亜主枝の先端部に発生した夏秋枝が多数発生するので、放置しておくと樹形が乱れてしまいます。そこで、主枝や亜主枝の先端部に発生した夏秋枝は、1～2本残して、ほかは剪除します。残した枝が長くて垂れ下がるようなら、3分の1くらいを切り返します。主枝、亜主枝の基部から発生し、長く伸びすぎた徒長枝は、早めに芽かきをするか剪定のときに剪除します。

### 樹齢が進んだ枝

樹齢が進むにつれて側枝も生長し、枝が混みあうようになり、また主枝、亜主枝から直立した緑枝（新梢が葉をつけ、緑色を失っていない枝）が、気がつかないうちに大きくなっていることがあります。これらは、間引き剪定します。

### 剪定で樹形を整える

ユズは、樹勢の強い樹です。そのまま放置すると丈が伸び、密生して枝の強弱のバランスも崩れてしまいますのです。したがって、剪定は欠かせない作業なのです。整枝・剪定の時期は、寒さがゆるんでくる3月ころから、開花までの間におこないます。

剪定は若木のときに確立した主枝、亜主枝、側枝などに交差する枝や、競合する枝を剪除して、各枝が伸びるようにします。

### 表年と裏年の枝

表年は春枝の伸長は短く、結果した重みで枝が下がる程度で、樹形が乱れることはありません。しかし、裏年は

間引き剪定は、3年生以上の太い立ち枝の場合は、切り口に枯れ込みがおこるので、基部から切らずに緑枝を残して切り返し剪定し、翌年、基部から剪除します。また、同一方向に伸びた

## 〈誘引のポイント〉

③誘引で木の股が避けないように結ぶ

①支柱を打つ

④誘引終了

②ビニールテープで誘引

平行枝の間引きをおこなう場合は、上の枝を剪定し、下の枝は切らずにおきます。

間引き剪定する枝の基部に緑枝がなく、禿げあがってしまう場合は一度、20～30cmで切り返し剪定をします。

切り口には、必ず癒合剤を塗り、枯れた枝は丁寧に剪除し、トゲも太い枝にはないように、日頃から剪除するように心がけましょう。

誘引や剪定は、発芽前の3月中に終わらせるようにしましょう。剪定時期が遅くなるほど、春枝の発芽数が少なく、伸長率も減ります。そのため剪定は、隔年結果が少ない樹でも表年は早く、裏年は遅くします。徒長枝の剪除をおこなえば80％は剪定が終わったと同じで、あとは緑枝、側枝の密になっているところを間引き剪定します。

主枝数を3本以下とし、多くの主枝をつくらないほうが収穫、防除などの作業がやりやすくなります。

41　第2章　ユズの育て方・実らせ方

# ◆整枝・剪定（幼木、若木、成木）

## ●良質な結果を得るための剪定

柑橘類には、果実の表年（成り年）と裏年（不成り年）を、交互に繰り返す性質があります。これを隔年結果といいますが、温州ミカンなどでもみられる特徴です。

ユズは、この隔年結果性が強く現れる植物の一つですが、隔年結果が現れるような管理をすると、それを軽減するのは容易ではありません。

柑橘類は、前の年に伸びた新梢の先端部の葉腋（葉が茎につく付け根の部分）に、花芽がつきますが、前年に、果実がついた枝の葉腋の芽には花芽がつかず、また、果実がつかなかった枝梢で果実がついた枝梢も近くの枝梢で果実がつかなかった枝梢も花芽をつけません。

それに対して、果実がつかなかった枝には、花芽ができます。したがって、表年の翌年は、花芽がつく枝が少なくなるために裏年となり、裏年の翌年は、花芽がつく枝が多くなりますから表年になります。

ユズには春枝、夏枝、秋枝がありす。春に伸びて、伸長を停止した枝を春枝といいますが、春枝は翌年の結果母枝となります。剪定によって調整することで、隔年結果を矯正するのです。

春枝は節間が短く、よく充実しています。充実した、よい春枝の発生を多くし、早期に葉数を確保することで、収量の増加を促し、品質のよい果実が収穫できるようになります。

剪定方法は、前年が裏年だと今年は花芽がついた結果母枝が多くあり、表年になります。対策として前年に伸びた春枝や夏枝、秋枝を切り返し、翌年

内向枝を切る

樹冠（木頭）

42

## 基本樹形（開心自然形）の剪定例

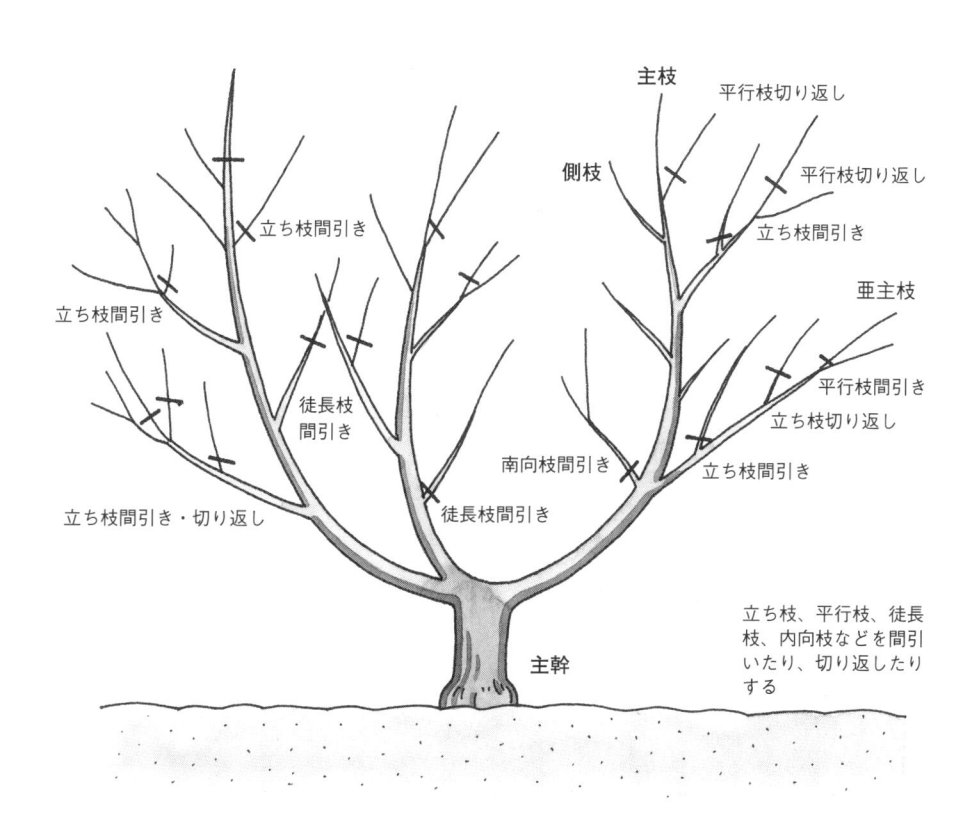

図中ラベル：
- 立ち枝間引き
- 立ち枝間引き
- 徒長枝間引き
- 立ち枝間引き・切り返し
- 南向枝間引き
- 徒長枝間引き
- 主枝
- 側枝
- 平行枝切り返し
- 平行枝切り返し
- 立ち枝間引き
- 亜主枝
- 平行枝間引き
- 立ち枝切り返し
- 立ち枝間引き
- 立ち枝、平行枝、徒長枝、内向枝などを間引いたり、切り返したりする
- 主幹

（裏年）の結果のために、良質の結果母枝の発生を促すようにします。この切り返し剪定は、多すぎる花芽の数を減らすことにもなります。

また、反対に前年が表年で、今年が裏年の場合、花蕾を確認して剪定します。花芽がついていない枝の混みいった部分を、ノコギリで分岐部から間引き剪定します。ただ、花芽がついた枝まで間引かないように、注意してください。混んだところを間引くことで、風通しがよくなり、また日光が樹の内部まで入り、健全な枝や花芽をつくるようになります。

● 1年生苗木の剪定

樹の生育を旺盛にし、樹冠が大きく生長するように仕立てるようにします。接ぎ木部よりも30cmほど上で切り、支柱を3本用意し、よく伸びた春枝と、その先端から発生した夏枝で、将来、主枝候補になる枝を選んで支柱に誘引します。

● 2年生の剪定

目標とする、開心自然形に仕立てるためにも、3〜4月に伸長の旺盛な枝から主枝候補を3本選び、それを確実なものにするために、ほかの枝は剪定します。

主枝はまっすぐに伸ばし、先端部の夏枝、秋枝で充実の悪い枝は、3分の1を残して剪定します。主枝候補の枝の先端部から春枝、夏枝、秋枝が発生してきます。また、同時にその枝の基部からも枝が発生します。これらに手を加えず、自然の状態にしておくと、枝葉が多くなります。

下垂枝を切る

● 3年生の剪定

3年生になると、3本の主枝のそれぞれに、第1亜主枝が伸びてきます。また、側枝もついて主枝、亜主枝、側枝が整った樹形ができてきます。ここで、不都合な枝を剪定し、目標とする

下垂枝の切り口

● 4年生以降の若木の剪定

この時期になると主枝、亜主枝の確立がはかられ、それらから発生した側枝、緑枝で密になってきます。主枝や亜主枝から、直立状に発生した枝(直上枝、徒長枝)は基部から剪定します。徒長枝を放置しておくと、亜主枝の上にのっかり亜主枝を弱めますし、樹形を乱してしまいます。同年に発生した同じ長さの側枝も、まっすぐな枝を残し、ほかの枝は剪除します。

4年生となると、ユズをはじめ、多くの柑橘類が結果をはじめる年に入ります。前年の春枝と、充実した夏枝が結果母枝と呼ばれる実の成る枝ですが、果実を多く実らせるためには、これら

開心自然形の樹形をつくります。ただ、樹形にこだわって、必要以上に剪定しないようにしましょう。たとえば主幹部(接ぎ部よりも上の部分)の小枝、裾枝は剪定せずに、葉の面積を多く確保しましょう。

## 剪定のポイント

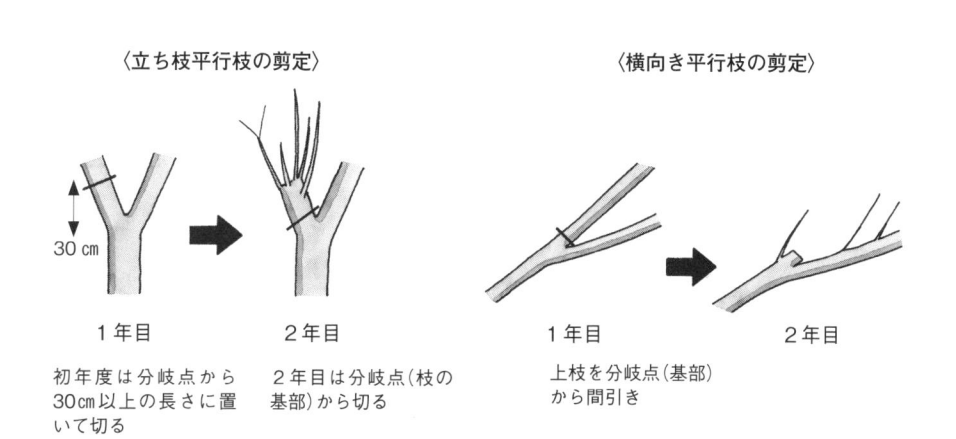

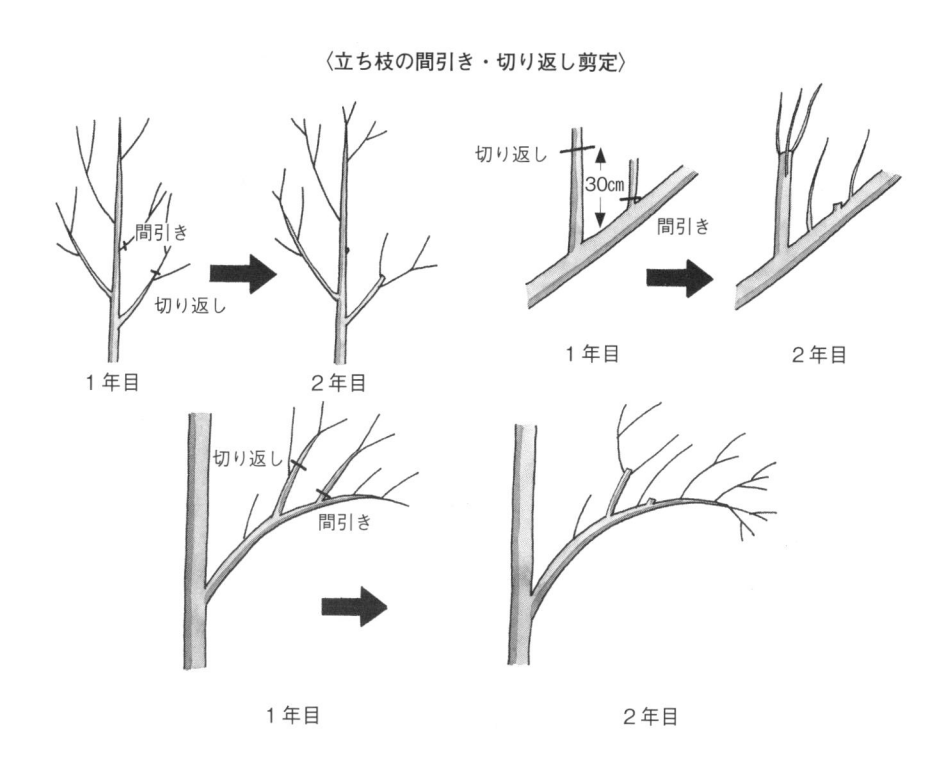

〈立ち枝平行枝の剪定〉

1年目　2年目

初年度は分岐点から30cm以上の長さに置いて切る

2年目は分岐点(枝の基部)から切る

〈横向き平行枝の剪定〉

1年目　2年目

上枝を分岐点(基部)から間引き

〈立ち枝の間引き・切り返し剪定〉

間引き
切り返し

1年目　2年目

切り返し
30cm
間引き

1年目　2年目

切り返し
間引き

1年目　2年目

## ● 成木の剪定

柑橘類のなかには温州ミカン、花柚(はなゆ)、スダチ、カボスなど枝の分岐角度が広くなる種類と、ユズ、キンカン、デコポンなど、分岐角度が狭く直立する品種があります。

分岐角度が広い品種については、亜主枝の先端が、主枝より分岐している分岐点の高さと同じになるように、枝を選んで剪定します。その枝はまっすぐなほうが、よい枝とされています。

分岐角度が、やや狭い品種は、若木の時期はまっすぐに生長しますが、成果期に入ると枝の分岐が広くなり、枝が下がってくるようになります。こうなったら、先の分岐角度が広い品種と同じように剪定します。

の枝を、できるだけ多く残すように剪定します。そのために、混みあった緑枝を剪定する場合、極力、剪定量を少なくおさえるようにします。

若木の時期は、分岐角度が狭いこともあり、たびたび亜主枝の分岐点で裂けることがあります。

その対策としては、亜主枝をあまり長くしないことです。そして、果実を多く着果させず枝の発育を待つようにします。

分岐角度が狭く、枝が直立する柑橘類について、幼木や若木の時代には主枝、亜主枝、側枝を確立することは、なかなか難しいものです。しかし、自

混みあっている枝を切る

枝の切り口

切り口に癒合剤を塗る

剪定前の樹姿

剪定後の樹姿

第2章　ユズの育て方・実らせ方

分なりのイメージを一本一本思い描いて、主枝候補の枝を誘引し、主枝をつくっていきます。

この際に無理に誘引すると、分岐点が裂けることがあります。したがって、主幹と主枝の分岐部を縄やビニールテープできつく縛っておいてから、誘引して主枝をつくるようにします。

亜主枝も同じように誘引して枝をつくりますが、分岐角度の広い柑橘種と異なり、主枝にたいして45度前後に開くように誘引します。

また交差している枝や、逆に向いている枝、徒長枝などは基部から剪除します。亜主枝から発生している直上枝も剪除し、側枝の混みあっているところは、亜主枝をつくるような具合で、枝に強弱をつけるように剪定します。

とにかく、剪定する前に樹をよく眺めて、どのような樹形にするかを思い描いてから剪定しましょう。まず、樹高を決めたら、切ろうとする高さで、側枝あるいは緑枝があるところで主枝を切ります。次いで直角三角形を主枝に当て、斜辺にあたるところより長めのあたりを亜主枝の先端と決め、そこで剪定します。

枯れ枝、トゲ、果梗枝、夏秋梢を剪除し、直径1cm以上の切り口には、癒合剤を塗っておきます。

# ◆摘蕾・摘果のポイント

### ●摘蕾の目的とコツ

摘蕾は、蕾が出てきたころに取ってしまいます。摘果は実が小さいうちに摘んでしまうことです。これは果実の数を制限し、一つずつの果実に、より栄養がゆきわたるようにするためにおこなう作業です。

蕾が多いと、新梢の発生が少なくなり、樹の生長が止まります。果実も小さくなり、樹の勢いがなくなって隔年結果の主な原因となります。蕾は丸く除去しやすいので、できるだけ早い時期に手で摘蕾するようにします。また、植えつけた後に早く着果させたい場合は、下のほうの蕾（花）だけを残して伸長を促すとよいでしょう。

### ●摘果の時期と目的

摘果は摘蕾と同じように、表年に果実の大きさを揃えたり、よい品質を保ったり、隔年結果を防ぐためにおこないます。

ユズは、温州ミカンよりも結果過多の影響を受けやすい植物です。露地栽培のユズでは、前年の春枝のほとんどに着果する習性が強いからです。

たとえば、前年度が表年で着果が多いと、当年（裏年）は蓄えた養分が少ないため、花が少なく春枝が多く発芽しないため、花が少なく春枝が多く発芽することもある）になりますから、着

前年、裏作だったため、蕾が多めについた樹。結果過多になりやすいので、手作業で摘蕾をする

伸長します。そのため、夏秋枝がよく伸びて、炭水化物と栄養分が多く蓄積されます。次年度（表年）は、春枝があまり伸びず着果が多くなるために、蓄えられた栄養分は、果実に吸収されて夏秋枝は表年と裏年はあまり伸びません。このように表年と裏年を1年ごとに交互に繰り返す特徴があります。

ところが、前年度、着果が極端に多いと、当年度（裏年）は着果が少ないだけでなく、蓄積された養分も少なくなるため春枝はほとんど伸びません。その後、夏秋枝が伸びて養分も蓄積されますが、表年になる次年度の着果は、主として当年度（裏年）に伸びた春枝（充実した夏秋枝にも花をつけ着果

1次生理落果

全面摘果と局部全摘果の例

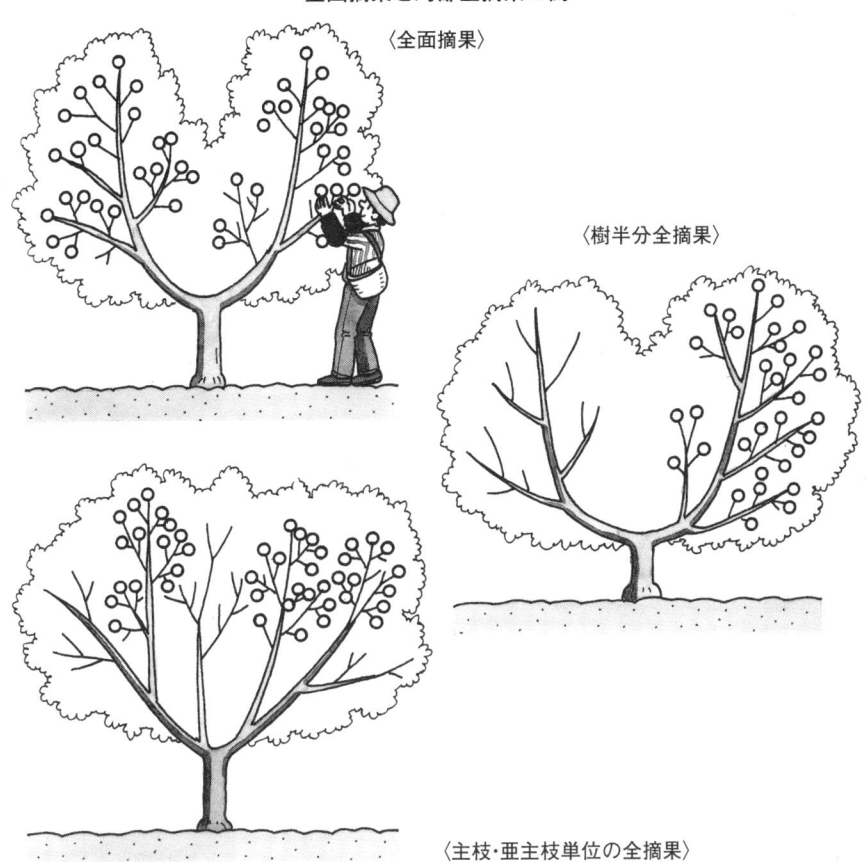

〈全面摘果〉

〈樹半分全摘果〉

〈主枝・亜主枝単位の全摘果〉

果が少なくなり2年つづけての裏年となってしまいます。それを防ぐために、摘果は欠かせない作業なのです。

したがって、結果の多い成木や表年の樹では、一樹のうち主枝、亜主枝単位か、または、直径3cm以上の側枝単位で、樹の半分に相当する容積を、全摘果するのが確実な方法です。

摘果の時期は、花や蕾のつくころが一番よいのですが、この時期は多くの労力がかかり、なかなか実施が難しいものです。そこで、生理落果する6月初めから6月末までの早期に摘果するほうが、労力的にも負担が少なくなり、また、隔年結果の防止効果が高くなります。

全摘果した部位に翌年着果させ、本年に着果させた部位には翌年着果しませんが、まれに着果することもあるので、これらも全摘果し着果させないようにします。これを繰り返すことで、毎年、結果させることができるようになります。

49　第2章　ユズの育て方・実らせ方

# ◆隔年結果の原因と防止対策

## ●なぜ隔年結果になるのか

これまでも説明してきましたが、ユズは隔年結果性の著しい植物です。隔年結果を引きおこす原因の一つは、樹体内の炭水化物と、窒素の濃縮や希釈の原理が働くとからだといわれています。

つまり、樹体内の炭水化物の濃度が高いと、樹は濃度を下げるために花をたくさんつけ、生理落下させて炭水化物を下げようとします。窒素の濃度が高いと、枝や葉をつくり着果率を高めることで、窒素の濃度を下げようとします。

そのために、表年では窒素濃度よりも炭水化物濃度が高くなり、花数は多く生理落下も増え、枝の伸長がおさえられ、果実の糖の蓄積が進みます。裏年では炭水化物濃度より窒素濃度が高くなり、花数は少なく枝がよく伸び、生長が盛んになります。

もう一つ、隔年結果の原因の一つと考えられているのが、果実に含まれる酸の含有量です。

ちなみに、温州ミカンの糖度は10度前後、クエン酸の濃度が0.8〜1%です。それに対して、ユズは糖度が7〜8度ですが、クエン酸の濃度が6%と著しく高いのが特徴です。クエン酸も炭水化物から変化したものなので、ユズでは、温州ミカンよりも炭水化物の消耗が激しいと考えられます。当然、

**局部全摘果の例**

局部を全摘果（主枝別）

夏肥

樹の半分に相当する容積を全摘果する。生理落果中の6月末までに摘果すると隔年結果の防止効果が高い

初夏まで続く生理的落果

次の年は花数が少なくなって裏年となり、窒素の吸収や利用が盛んになり、光合成が盛んにおこなわれ、炭水化物も多く蓄積されます。1年ごとに炭水化物の濃度が高い年と、窒素濃度の高い年ができ、隔年結果が激しくなるわけです。

● 隔年結果の防止対策

隔年結果を防止するには、二つの方法があります。

一つは枝別の全摘果を徹底的におこなうことで、樹の着果負担を少なくすること。もう一つは夏肥を重点的に与えること、で、窒素の吸収・蓄積を促す方法です。この二つを組み合わせることで、隔年結果を防ぐことができます。

全摘果の方法は主枝、亜主枝単位、または、直径3cm以上の側枝単位で、樹の半分に相当する容積を全摘果します。翌年は全摘果した部分に花がついて着果し、一方、摘果しなかった枝には、翌年ほとんど花がつきません。摘果する時期は、蕾からおこなってもよく、効果をあげるには、7月末までに終わらせるようにしましょう。

肥料を与えて防止効果をあげるには、光合成の盛んな夏秋期に、重点的に肥料を与えるようにします。土壌の温度が12℃以上になった時期に施肥すると、肥料の効果が高く有効です。春に20％、5～7月に60％、10月に20％の割合で施すようにします。肥料は多いほうがよいのですが、根に障害を及ぼさないためにも、施肥回数を多くし、1回に与える窒素成分量は10a当たり10kg以下におさえるようにしましょう。

隔年結果の例。右側を局部摘果し、左側にだけ着果させる

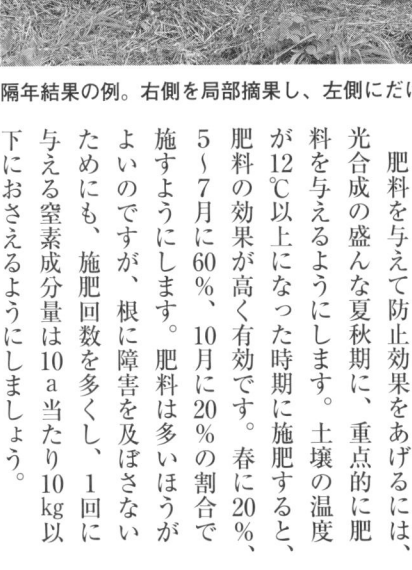

# ◆収穫・貯蔵のポイント

## ●果実の着色を見て収穫

ユズの収穫は、外観を見ておこないます。ユズは外皮が弱い植物ですので、採取時には果実を傷つけないように、枝のトゲを切りながら丁寧におこないましょう。

よく切れるハサミを使い、果梗（軸）を二度切りします。果梗はくぼんでいますから、ほかの果実に果梗が触れても傷がつかない長さに切るようにします。ユズは青いうちに収穫するか、色づいてから収穫するか、用途によって、収穫する時期が違います。

収穫期の果実（山根）

### 青玉果

青玉果は、色づいていないユズのことです。この果実は、直径が4cm以上になった8月から9月末までに採取します。この時期の青玉果でも、搾れば果汁がしたたるようになります。

### 黄玉果（成熟果）

七分ほど色づいた果実のことで、10月中旬から下旬にかけて採取します。この時期の果実は果汁量も多く、酸濃度も高く、サラッとした香りの高い果汁が採取でき、搾酢用としてもっとも適しています。

また、浮き皮になっていないので、貯蔵性も高くなります。七～八分ほど着色した時期に、採取するとよいでしょう。

### 貯蔵用果

ユズを収穫した後、しばらく貯蔵しておきたいのであれば、ヘタが枯れるのを防ぐために、果梗を4mmほどとやや長く切り、ヘタの活性を高めておくようにします。

脚立を用いて収穫

## ●貯蔵の方法

ユズは皮が弱いために、貯蔵の難し

52

い果実です。そのために、短期間の貯蔵でも、予措が必要です。一般的に予措とは果実を減量させ、果皮をしなびさせることで、貯蔵性を高めるための処理のことをいいます。ユズの貯蔵のための予措は、6％ほど減量させ、果皮を少ししなびさせることで、貯蔵性を高めるようにします。
　予措には、常温予措と高温予措があります。

**常温予措・貯蔵**
　常温予措は、果実を風通しがよく涼しい場所（温度5〜7℃、湿度80〜85％が理想的）に置き、段ボール箱に2〜3個重ねて入れて貯蔵します。果実がしなびてきたら、有孔ポリ袋（穴のあいたポリ袋）に2〜3個を入れ、家庭用冷蔵庫の野菜室に貯蔵します。

**高温予措**
　高温予措は、大量に収穫し、出荷する際などにおこなわれる方法です。個人では、あまり一般的ではありませんが、参考までに紹介しておきましょう。
　高温予措は室温を30℃、湿度50〜60％に保った予措室などに収め、果実の表面を空気が流れるように循環させます。期間は72時間（3日間）で、ほぼ6％の予措ができます。収穫後、すぐに予措室に入れて乾燥させます。収穫後、1日でも過ぎてしまうと水分が抜けず、目標とした予措率にはならないからです。

採果ばさみで収穫

収穫した果実（木頭）

箱に詰めた果実

第2章　ユズの育て方・実らせ方

# ◆台木準備と接ぎ木のポイント

## ●台木となるカラタチの育成

近年はホームセンター、園芸店などでカラタチの台木に接ぎ木されたユズの苗が販売されています。それを購入するのが、手っ取り早い方法ですが、参考までにカラタチの台木から育成する場合の手順を説明しましょう。

### カラタチの種子の貯蔵

10月中旬ころに黄色く成熟したカラタチの実を採取し、足で踏みつぶすかして、ヤニを取り除きます。ヤニには粘つくヤニが多いので、木灰をまぶしてからよく揉んで水洗いを繰り返し、はぎ接ぎなどします。乾燥させた種子はポリ袋に入れ、冷蔵庫で貯蔵しておきます。

切り接ぎ後、2芽が発芽

### カラタチの播種

翌年の春、播種床に種をまき、種子の厚さの2倍程度の土をかぶせます。床の土壌はやわらかいほうがよいので、前年、カラタチの種子を採取するころに、牛糞や鶏糞を施用し中耕しておきます。種をまいたらワラを敷き、たっぷりと水を与えます。

### 台木の育成、準備

播種して1年後の3月下旬に、カラタチの実生を移植し育成します。育成畑の土には、牛糞や鶏糞の堆肥、苦土石灰をまき、1、2月の冬の間につくっておきます。

播種して2年後の4月下旬に切り接ぎをします。

## ●穂木採取と接ぎ木の手順

接ぎ木には切り接ぎ、腹接ぎ、芽接ぎ、はぎ接ぎなどがありますが、ここではもっとも一般的な接ぎ木の方法の一つである切り接ぎについて触れておきましょう。

### 穂木の用意

まず、切り接ぎに必要な穂木を、発芽前(3月)、あらかじめ優良母樹の春枝から剪定ばさみで採取します。この穂木は乾燥しないように濡らした新聞紙でくるみ、ポリ袋に入れて密閉し、冷蔵庫の野菜室などに入れ、切り接ぎのときまで貯蔵します。

台木に穂木を差し込むとき、穂木の下部を斜めに切り、さらに樹皮を削って形成層(台木に接する面)を出します。ここで穂木の下部は、くさび形になります。

〈接ぎ木のポイント〉

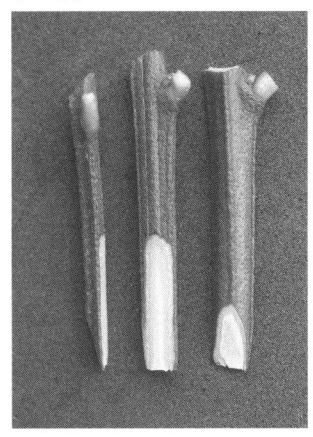

## 切り接ぎのポイント

まず、台木の木質部と樹皮の間にナイフを入れ、3cmくらい下まで切り下げます。樹皮、形成層（樹皮内側の飴色の層）、木質部を確認できます。

つぎに台木の切り込みに、穂木の長い削り面の形成層と台木の形成層が合わさるように差し込み、ずれないように接ぎ木用テープで巻き、固定させます。台木の切り口や穂木の先端などには、癒合剤などを塗ります。ポリ袋をかぶせて乾燥を防ぎます。

③台木に穂木を差し込む

①穂木を削る（3面）

④テープを巻いたあと、ポリ袋をかぶせる

②台木を削る

## 接ぎ穂の発芽

接ぎ木後15～20日くらい経つと、テープのなかの芽がふくらむので、ふくらんでいるところのテープをカッターナイフで切って芽が出やすいようにします（自力で芽が出るタイプのテープもあります）。

また、台木の芽は不要なので、伸び出したらすぐに摘み取ります。

## 接ぎ木後の管理

接ぎ木後、3週間から1か月で活着し、新しい芽が伸びはじめます。芽かきをおこないながら誘引したり、穂木が食い込まないようにテープを切ったり、支柱を立てたりします。

⑤接ぎ木後の発芽

第2章 ユズの育て方・実らせ方

# ◆施肥と水やり、防寒対策

## ●土づくりの基本

ユズを育てるには腐植に富み、保水力、保肥力があり、排水の良好な土壌が理想的です。実生苗の場合は、樹冠が広がるのと同じように、根も深く広がります。

一方、カラタチ台の樹は、主枝がまっすぐに伸びて背が高くなっても、根が深く張ることはありません。そのため

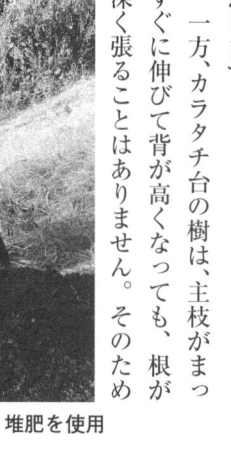

土壌の腐食を高めるため、堆肥を使用

に、根が樹冠と同じように、深く広がりやすくなる孔隙の多い土壌であることが望ましいのです。したがって、土壌の腐植を高めるために、堆肥を施用するようにします。

土壌のpHを調べて6.5前後の微酸性土壌になるように調整します。また、苦土、石灰、カリのバランスを保つようにします。肥料を施用したあとは中耕し、雑草などが生えてきたらこまめに抜き取るようにします。

## ●施肥の方法

### 春肥

春肥は、元肥ともいいます。発芽した新梢葉を伸ばしたり、緑化を充実させたり、また開花・結果、果実を大きく生長させたりするのに欠かせません。春肥は、発芽する3月下旬ころに施

しますが、量的には1年間に与える量の20%くらいと少なくします。

### 夏肥と秋肥

夏と秋は気温や地温が高く、根の伸長が活発になり、呼吸量も多いので肥料の吸収率が多く、効果も高くなるので、夏と秋に合わせて全体の80%くらい施用するようにします。

夏肥、秋肥は果実の発育、樹勢の維持に必要です。したがって、結果量の多い樹には施す量を多くします。

夏肥は夏枝が伸長し、幼果が大きくなりはじめる6月から7月に、60%くらい施用します。

秋肥は秋枝が伸長し、果実が肥大する9月から収穫時期の11月くらいまで

防寒用ネットで覆う

56

に施用します。量は20％ぐらいが適当です。気温が低くなると肥料の効果が悪くなるので、地温が12℃以上の収穫前の時期に施肥しましょう。6月、9月に与える肥料は、多く与えると果実の着色が遅れることがありますが、品質にはなんの問題もありません。収穫時に完熟果よりも未熟果のほうがユズ酢の搾汁率、貯蔵性は高いので、十分に施肥してもかまいません。

### 施肥時期と施肥割合、目的

| 施肥名 | 施肥時期<br>(生育状況) | 年間施肥<br>の割合 | 施肥目的 |
|---|---|---|---|
| 春肥 | 1～2月<br>(花芽分化期) | 20% | 土づくり、花芽の発育、発芽、春枝の伸長、開花、幼果の肥大 |
| 春肥 | 3月<br>(発芽準備期) | 20% | 春枝の伸長、開花、幼果の肥大 |
| 夏肥 | 6月<br>(生理落果期) | 60% | 果実肥大、春枝の充実 |
| 夏肥 | 7月<br>(夏枝伸長期) | 60% | 果実肥大、春枝の充実 |
| 初秋肥 | 9～10月<br>(果実着色期) | 10% | 果実肥大・成熟、秋枝伸長 |
| 秋肥 | 10～11月 | 10% | 花芽分化、樹体の耐寒性付与 |

注）各時期の施肥例（10㎡当たり）は、つぎのとおり
◆春肥の1～2月は苦土石灰1kg、鶏糞・有機物4kg、3月はなたね油かすの場合1.4kg、鶏糞の場合3.5kg
◆夏肥は6、7月ともにイワシかすの場合それぞれ1.1kg、大豆油かすの場合それぞれ1.4kg
◆秋肥はイワシかすの場合800g、大豆油かすの場合1kg

### 有機質肥料の成分

| 肥料名 | チッソ | リンサン | カリ | 石灰 | 苦土 |
|---|---|---|---|---|---|
| 大豆油かす | 6.95 | 1.49 | 2.46 | 0.44 | 0.16 |
| なたね油かす | 5.03 | 2.61 | 1.42 | 0.90 | 0.34 |
| ひまし油かす | 6.05 | 2.50 | 1.28 | 0.53 | 0.53 |
| 綿実油かす | 6.25 | 2.95 | 1.94 | 0.30 | 0.36 |
| 米糠 | 2.40 | 5.82 | 2.04 | 0.08 | 0.74 |
| イワシかす | 9.08 | 4.11 | 1.24 | 2.68 | 0.08 |
| 鶏糞 | 2.06 | 6.79 | 2.40 | 18.77 | 0.34 |

注）埼玉園芸試験場（藤沼、田中）による

### ●水やりと防寒対策

ユズには水やりが欠かせません。とくに梅雨が明けた、夏期の7月から8月の乾燥しそうな時期には、ホースやジョウロで直接、水を与えるようにします。直接、樹冠下に水やりをする場合、土が水圧で掘り返されることがあります。したがって、樹冠下にワラを敷いたり、刈り草を敷いて、その上から水やりをするとよいでしょう。

樹が乾燥すると、葉が萎縮して光合成が十分におこなわれなくなります。葉が萎縮しないように、水分を保ちます。夏期だけではなく、冬期の乾燥時にも水やりするようにしてください。

また、乾燥や寒さを防ぐのに防寒用ネットや寒冷紗などを用いると効果的です。

# ◆気をつけたい病害虫とその対策

## ●病害虫対策の基本

果樹と一般の庭木との大きな違いは、観賞したり愛でたりするだけでなく、みずからの手で収穫し、直接口にするものであるという点です。それだけに、薬剤は使わず、少しぐらい果実の外観が劣っていたとしても過剰に気にする必要はないでしょう。

家庭果樹への薬剤散布は最後の手段と考え、可能なかぎり自然素材の防除剤、忌避剤を使ったり、手で虫を捕殺したりするようにしたいものです。

ここではユズの有機減農薬栽培の取り組み例として、ICボルドー液(硫酸ボルドー液)、マシン油乳剤、無機銅剤の施用を主に病害虫対策を紹介します。

灰色かび病にかかった花弁の症状

## ●主な病気と対策

### そうか病

そうか病の病原菌はカビの一種で、春、感染すると病斑が突起し、新梢葉から果実へと伝染します。生育期間中にも発生した枝葉を除去します。被害を受けた枝葉を除去したら、樹勢を損なわない程度に除去して埋めます。発芽前の初期防除が大切で3月中旬の発芽前と3月下旬の開花後に、それぞれICボルドー66D50倍を散布します。

### 黒点病

この病気も、病原菌のカビの一種が引きおこす病気で、枯れ枝から新梢葉や果実に伝染すると、黒点状の症状があらわれます。雨によって胞子が流され、雨や果実に感染します。やわらかい新梢葉、幼果、果実に感染します。対策としては、つねに枯れ枝を剪除することが大切。太い枯れ枝は焼却します。防除は、5月下旬の開花後にICボルドー液でそうか病と同時防除します。6月中旬の生理落果期にICボルドー液200倍を、9月上旬にストロビーフロアブルを散布します。黒点病の被害がより少ない果実をつくるには、6〜9月まで毎月防除します。

### 灰色かび病

開花期に雨が多く、湿度が高いと花弁や花糸が腐敗して、発生しやすくなります。花弁が腐敗すると、幼果に傷をつけたり、落下させたりします。防除法は、開花期に、軽く枝をゆすって花弁を振るい落とし、同時に低毒性の

### ユズの病害時期と対象病害虫

| 病害時期 | 対象病害虫 | 病害時期 | 対象病害虫 |
|---|---|---|---|
| 3月下旬〜 | そうか病 | 6月中旬 | 黒点病 |
| 4月上旬 | ミカンハダニ | | ミカンハダニ |
| 下旬 | そうか病 | 下旬 | ミカンハモグリガ |
| 5月上旬 | そうか病 | 7月上旬 | 黒点病 |
| 中旬〜 | アブラムシ | | ミカンハダニ |
| 下旬 | 訪花昆虫 | | サビダニ |
| | 灰色かび病 | 8月上旬 | 黒点病 |
| 6月上旬 | そうか病 | | ミカンハダニ |
| | 黒点病 | | サビダニ |
| | サンホーゼカイガラムシ | 下旬 | 黒点病 |
| | ゴマダラカミキリ | 9月上旬 | 黒点病 |
| | | | ミカンハダニ |

注）「徳島県果樹栽培指針」抜粋

ストロビードライフロアブル2000〜3000倍を1回散布します。湿度が高いと花弁が腐りやすいので、雨が多い年はとくに注意しましょう。

**ステムピッティング病**

この病気は、樹皮の下に紡錘状の茶色い筋や溝ができる病気で、発病してからは防除できません。病気の程度が重く、果実が小さくコハン症が多ければ、伐採して改植します。この病気を引きおこすウイルスを媒介するのは、クロアブラムシなので、寄生しないように防除します。

**ユズ幹腐れ病**

雨が多く、湿度の多い地方で発生します。そうか病や黒点病の防除の際に、枝葉や幹部に薬剤を散布することで、防ぐことができます。

### ●主な害虫と対策

**ミカンハダニ**

夏期、気温が高い時期は世代交代が早く、寄生量も多くなります。花芽準備期にマシン油乳剤80倍、生理落果期にマシン油乳剤150倍、夏枝伸長期にマシン油乳剤150倍を散布します。

**ミカンハモグリガ**

夏枝、秋枝の発芽伸長期にモスピラン水和剤、カスケード乳剤を散布します。

**アブラムシ**

新梢期に発生。枝葉を奇形縮葉させ、正常な発育を阻害します。5月、7〜8月の芽が出る時期にアグロスリン乳剤、ダントツ水溶剤などで防除します。

**ゴマダラカミキリムシ**

5月ころからユズの幹に産卵し、幼虫が幹に侵入し枯らしてしまいます。幹から木屑が出ていたら、穴に針金を差し込んで幼虫を殺したり、早朝、露で羽が濡れているときに捕殺したりします。

**カイガラムシ類**

風通しが悪いと発生しやすく、寄生がみられたら12〜1月の休眠期にマシン油乳剤60倍を散布します。

枝葉についたアブラムシ

## ◆あると便利な用具と資材

### 小道具類

庭などでユズを栽培する程度なら、それほど大がかりな道具は必要ありませんが、あると便利な道具類を、あげておきます。

草を刈る鎌、草を削りとる曲がり鎌、刈草や剪定した枝を集めるレイキ、枝などを剪定するためのはさみや鋸。採取した果実を入れる籠、ユズは傷つきやすいので採果ばさみ。高い枝になった実を採取するために高所採果ばさみ。それに土を中耕するための鍬、肥料をまいたときに土と混ぜたり、定植する際に穴を掘るスコップ。

そのほか、大量であれば運搬用コンテナ、1kg秤、メスシリンダー、バケツ、ペンチ、薬剤散布用の肩掛け噴霧器、肥料を施用する際の施肥桶、接ぎ木用切り出しナイフ、芽接ぎナイフ。

採果ばさみ

### 大道具

大規模にユズを栽培するのであれば、用意しておくと便利な道具を並べておきます。動力噴霧機、ホース、ノズル・噴口、薬桶、三脚はしご。

### 肥料

肥料は良好な土壌づくりにも、pH や肥料の窒素（N）、リン酸（P）、カリ（K）は10・6・8の割合で使用します。化学肥料のほかに魚粉、油かす、米糠、尿素、鶏糞堆肥、苦土石灰、溶成燐肥を用意します。

### 資材

苗の育成時に保護したり、水やりの際に根元が水圧で掘れないように敷く稲ワラ、風や寒さ対策に欠かせない寒冷紗や防寒用ネット、枝を誘引する縄やビニールひも、ひもで誘引した枝が戻らないように固定しておく支柱用の太めの杭やパイプ。

これらを必要に応じて、あらかじめ用意しておくとよいでしょう。

支柱（右）と防寒用ネット

第 3 章

# ユズの使い方と加工・保存

自家製のユズマーマレード

# ◆ユズ酢の搾り方・使い方

## ●ユズ酢の搾り方

### 果実は七分着色で搾る

ユズは、昔から薬用や食酢として利用されてきました。風邪や高血圧の予防薬として使われるほか、最近では、糖尿病にも効果があるともいわれています。

ユズは、柑橘類のなかでも、皮や搾汁を利用する部類の果実です。ユズ酢は果実を圧搾して採取します。搾る時期は、果実が七分ほど着色したころの10月下旬～11月上旬（29頁の図「ユズの生育と主な作業暦」参照）にします。完熟した果実よりも、果汁量が多く、香りも高いからです。

逆に着色が不十分な果実を搾ると、どうなるのでしょうか。この場合は、搾ったユズ酢が青臭くなってしまいがちです。したがって、七分まで着色した果実を選んで搾るようにします。

### 搾り過ぎは禁物

せっかく実った果実から、できるだけ多くの果汁を搾りたい、と思う気持ちはよくわかります。

しかし、搾り過ぎは禁物です。搾り過ぎると、果実に含まれている苦み成分のナリンギンや、オイル類、ペクチン質やパルプ質が混ざってしまうからです。搾り過ぎは、ユズ酢の質を落とす原因となるのです。

### ユズ酢が発酵する原因

ユズ酢には5～7％のクエン酸のほか、糖度が7～9％もあり、常温で保管すると発酵します。発酵するとガスが出て、容器を破損したり、栓が飛ぶ

ユズ酢（左）とポン酢

搾汁用の原料果実

だけでなく、果汁が濁り、エナメル臭（セメダインのような臭い）が発生します。不純物が多いほど発酵が進みやすく、発生するガスは、果汁と同じ容量にもなるといわれています。

発酵を防ぐには、ろ過を十分におこなって不純物を取り除き、高温殺菌し、低温で貯蔵することです。搾ったユズ酢を容器に入れて、静かに放置しておくと、不純物が浮いてくるので、スポイトなどで取り除いてもよいでしょう。

また、ガスの膨張で容器を破損させないためには、気温が上昇する時期に、穴の開いた栓につけかえたほうが無難です。

貯蔵は搾汁後、3か月までなら5℃くらい、それ以降も貯蔵するなら1～0℃、さらに1年間もたせるには冷凍しましょう。

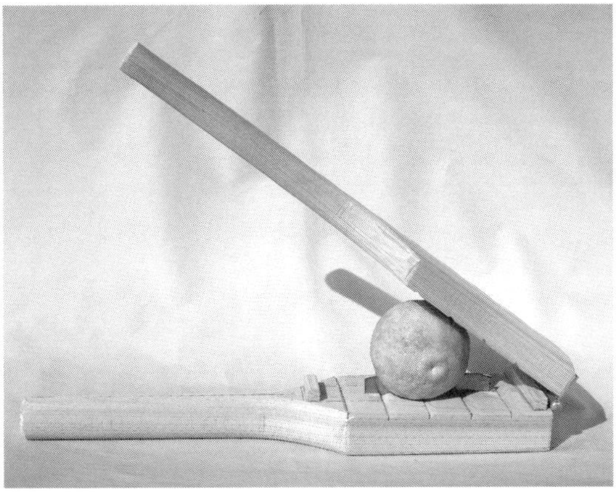

木製の果汁絞り器

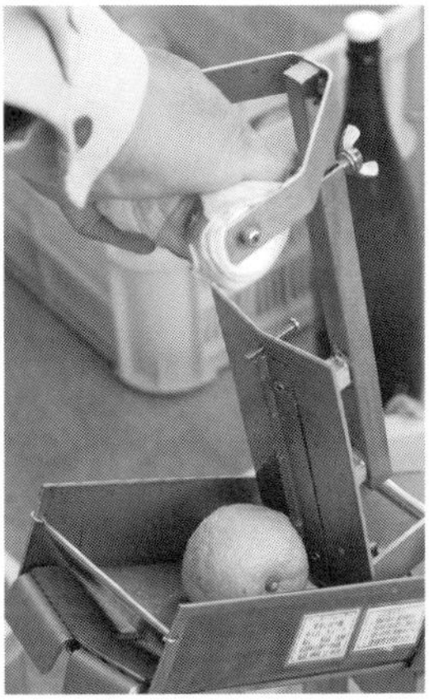

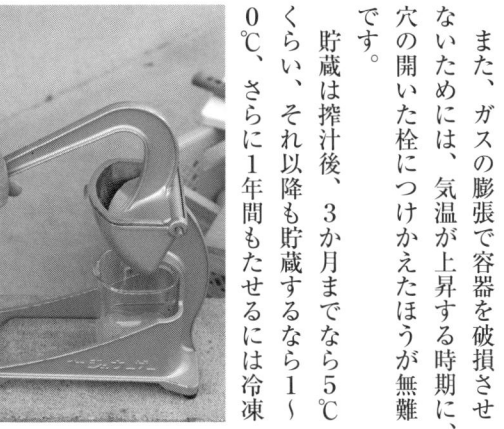

本格ハンドミキサー 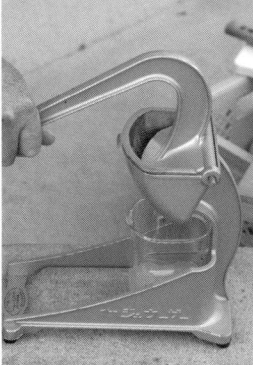　　簡易ハンドミキサー

● ユズ酢の使い方

ユズの皮は日本料理に欠かせないものですが、ユズ酢はポン酢や、お寿司などの寿司酢として使われています。

ちなみにポン酢は、柑橘類をあらわすオランダ語のポンスに由来。ユズやスダチ、カボスなどの搾り汁に、しょうゆなどを混ぜあわせたものです（68頁につくり方を紹介）。

酢は食欲を増進させ、ユズの爽やかな香りは心を癒すといわれています。料理に加えて熱しても、香りやクエン酸が損なわれることはありませんが、寿司酢として使うときは、ご飯を常温まで冷ましてから加えたほうが、香りがより生きてきます。

# ◆ユズの保存食・調理法・飲み物

### ユズ料理と保存食、加工品

| | |
|---|---|
| おかず | ユズデンプン、ゆびしょ、ユズこんにゃく、ユズのつくだ煮、ユズ漬け、ユズ釜、ユズのしょうゆ漬け、ユズ豆腐の野菜入り蒸しもの、ユズの重ね蒸し、ゆむし |
| 副菜 | ユズみそ、ゆねり、ユズ皮のみそ焼き |
| 菓子と加工品 | ユズジュース、ゆべし、ユズのシロップ漬け、ユズ菓子、ユズの砂糖漬け、ユズ羊かん、ユズういろう、ユズ皮のはちみつ漬け、ユズの皮と青のりのおかき、ユズ入り大豆餅、ユズ皮のみりん漬け、ユズジャム、ユズのマーマレード、ユズねり、ユズ皮の塩漬け、ユズ皮の甘煮 |
| 薬味とたれ | ユズコショウ、水炊きのたれ、たたきのたれ |

注）①徳島県下の生活改善グループによる取り組み内容
②『ユズ～栽培から加工・利用まで～』（音井格著、農文協）をもとに作成

庭先果樹としてユズを植えておくと、熟した果実はもちろん、青玉果であっても保存食や加工品、さらに独特の調味料、飲み物などに生かすことができ、重宝します。ユズの醍醐味をとことん味わいたいものです。

● ユズジャム

ユズのジャムとマーマレードは保存食の定番。独特の風味を楽しむことができます。ジャムは、ユズ酢を搾った後の皮を利用してつくります。

【材料】
ユズ5個、砂糖700g、水はユズ皮の2倍、みりん少々。

【つくり方】
① ユズをよく水洗いしたら、皮をはぎ果肉と果皮に分ける。
② 果肉は搾り、果皮は細かく刻む。皮の2倍の水を加え、鍋で15～30分ほど煮てアク抜きをする。
③ アクを抜いた皮をミキサーにかけて細かくする。
④ 細かく砕いたユズ皮と砂糖を火にかけ、とろ火で煮詰める。
⑤ 最後にみりんを少々加えて完成。

【瓶詰めのコツ】
砂糖には防腐効果があるとはいえ、糖度の低いジャムのときはつくって2週間以内に食べきります。また、長期保存の場合は、ジャムづくりと同時進行で脱気殺菌をすると安心できます。
まず、保存用の瓶（耐熱性のもの）とフタを鍋に入れ、水を注いで火にかけ、沸騰させて煮沸消毒をします。できたてのジャムを熱いうちに熱い瓶の肩口まで詰め、トントンと揺すってす き間の空気を出します。フタを強くしめ、鍋にもどして20～30分強火で煮火からおろします。鍋ごと流しに運び、水道水を細く流しながら当てて冷ますと瓶詰め終了です。

● ユズマーマレード

## ユズジャム

【材料】

ユズ3個（300g）、砂糖85g（果皮重の70%程度）、ユズの搾り汁と水3/4カップ。

【つくり方】

① ユズを横半分に切り、果汁を搾ったあと白い袋を取り除く。
② 白い綿（アルベド層）をつけたまま、皮を1〜2mm幅に薄く切る。
③ スライスした皮を水に10分ほどさらし、水気を切っておく。
④ たっぷりの水を入れた鍋に、皮を入れて火にかける。沸騰したら、ザルに上げて水気を切っておく。
⑤ 砂糖、ユズの搾り汁と水3/4カップを鍋に入れ、水気を切っておいたユズを強火で煮る。沸騰したらアクをとり、弱火で20〜30分煮詰める。木べらで鍋底に直線を引き、鍋底が一瞬見えるくらいのとろみがついたら火を止め、冷まして完成（保存法はジャムに準じる）。

● ユズみそ

【材料】

ユズ皮500g、黄ざら（砂糖）300g、みそ1キロ、砂糖300g、ユズ酢少々。

【つくり方】

① ユズ皮を2cmくらいの千切りにする。
② 鍋にユズ皮がつかる程度の水を入れ、15〜20分ほど煮たら水に上げ、アク抜きをする。
③ 鍋にユズ皮と黄ざらを入れて煮る。
④ みそ、砂糖を加えて練り、とろ火で煮る。みそに照りが出てきたら、ユズ酢を落として火を止める。
⑤ 保存ビンに入れて保存する。

ユズジャム

ユズのマーマレード

ユズの合わせみそ

青ユズの皮を乾燥し、粉末ユズコショウをつくる

ユズ果実とトウガラシ

左が粉末ユズコショウ（黄ユズの皮と赤トウガラシ）、上が生ユズコショウ、下が粉末ユズコショウ（青ユズの皮と青トウガラシ）

## ●ユズコショウ

【材料】
大きめの青ユズ1個、塩適宜、辛い青トウガラシ6本、ユズ酢適宜。

【つくり方】
①ユズと青トウガラシを水で洗い、ユズの皮をむく。皮はなるべく薄くむき、白い綿の部分（アルベド層）が混ざらないようにする。
②ユズ皮をすり鉢ですりやすいように、できるだけ細かく刻む。
③トウガラシは、縦方向に半分に切り分け、種を取り除いてから、細かくみじん切りにする。
④トウガラシを、すり鉢で細かくすりつぶす。
⑤すりつぶしたトウガラシとユズに塩を適宜加え、そこに刻んだユズ皮を入れ、半練り状になるまですりつぶし込む。
⑥ユズ酢を好みに応じて適宜加えれば完成。

## ●ユズピール

ユズのピールには、輪切りにした形と紡錘形のものがあります。

【材料】
ユズの皮500g、砂糖450g。

【つくり方】
① ユズの皮を5mm程度の輪切り、もしくは1/4〜1/6くらいの紡錘形に形を揃えて切り分ける。
② 半日か1晩水にさらす。
③ 鍋にたっぷりの水を入れ、さらしておいたユズを入れて火にかけ、煮たったら水を加える。
④ 竹串がすっと入るくらいまでやわらかくなったら水に上げて冷ます。冷めたユズの筋を取る。ペーパータオルなどで水気を取り、鍋に並べる。
⑤ 鍋に並べたユズに砂糖の1/4量を振りかけ、弱火にかけ、落とし蓋をして煮詰め、砂糖が溶けたら火を止めて冷ます。
⑥ 翌日、再び弱火にかけ、残りの砂糖の半量を加えて煮詰め、砂糖が溶けたら冷ます。
⑦ 翌日、残りの砂糖を加え、再び弱火で煮詰め、砂糖が溶けたら火を止め、グラニュー糖を振りかけて完成。

自家製のユズピール

ユズピールは風味抜群

## ●ユズ茶

古くから韓国の家庭で飲まれていたユズ茶。近年、お湯割りのホットドリンクとして人気を呼んでいます。コップに大さじ1〜2杯を入れ、お湯で割って飲みます。

【材料】
果実500g（ユズ4〜5個）、砂糖または蜂蜜350g。

【つくり方】
① ユズをよく洗ってから水分をきれいにふきとり、横半分に切って種を取り除き、果汁を搾る。
② ユズの皮を2cmくらいの長さに千切りにする。皮の内側の白い綿（アルベ

ユズの絞り汁

ユズ果実

自家製のポン酢

ド層)を取り除くときれいに仕上がる。
③沸騰消毒したビンに砂糖とユズ皮を互い違いに重ねて入れ、一番上には砂糖をたっぷりとかける。
④搾った果汁を加える。
⑤室温で2週間ほど寝かせれば完成。

● ユズ酒

夏場に氷水で薄めて飲むと、香りもよく、美味しく飲むことができます。

【材料】
ユズ5個、ホワイトリカー1.8ℓ、氷砂糖1～1.2kg。

【つくり方】
①ユズ4個の果汁を搾り、1個は二つに切って、ホワイトリカーの中に入れる。
②1～2か月間、常温で寝かせれば完成。

● ポン酢

【材料】
ユズ1個、スダチ4個、日本酒60cc、みりん50cc、しょうゆ100cc、米酢60cc、昆布5cm、かつお節5g。

【つくり方】
①ユズとスダチを搾る。搾り汁は約80cc。
②日本酒とみりんを弱火にかけて、アルコール分をとばす。しょうゆを加えて弱火で沸騰させ、5分ほど煮詰める。
③煮詰めたら鍋ごと冷水で冷やす。
④ユズとスダチの絞り汁と米酢を加える。
⑤かつお節と昆布を入れる。
⑥暗いところで1週間ほど寝かせる。浮遊物が沈殿したら、ザルで漉して完成。

# 第4章

# 柑橘類の育て方・実らせ方

たわわに実ったキンカン

# ◆家庭果樹に向く柑橘類

家庭果樹というのは、果樹園で栽培される果樹ではなく、庭や鉢などで栽培される果樹のことです。家庭果樹のなかでもリンゴやカキなどの落葉果樹と、ミカンやビワなど常緑果樹などに分けることができ、柑橘類は常緑果樹に含まれます。

## ●柑橘類の種類と魅力

柑橘類とはミカン科のミカン属、ミカン亜科のカンキツ属、キンカン属、カラタチ属に属する植物のことです。柑橘類のなかには、生食やジュースになるオレンジやミカン、グレープフルーツなど、薬味として利用されるレモンやユズ、カボス、スダチなどがあるのはご存じのとおりです。

柑橘類は全国どこでもよく見かけることができますが、とくに九州から房総半島にかけての太平洋岸や、瀬戸内海沿岸で、多種多様な品種が栽培されています。

これらの地域より寒い地方では、耐寒性の強いユズ、花柚などが栽培されています。柑橘類というと、暖かい地方の産物というイメージが強いせいか、寒い地方では「柑橘」という言葉の響きだけで、暖かみを感じさせられるといいます。

## ●庭先果樹としての柑橘類

庭木や鉢植えの果樹として、なぜ柑橘類は、家庭果樹に適した果樹なのでしょうか。

一つは、高木にならないという理由があげられます。柑橘類は総じて、高木になる品種は少なく、多くは中〜低木で、樹形を楽しむこともできます。剪定で小さくつくることもできるため、鉢植えとしても楽しめます。

春には花が咲きます。多くの品種の花は色白で蜜が多く、花が開くと甘く清々しい香りがただよいます。青い実が日を追うごとに、黄色く色づいていくのは楽しみなものです。そして、収穫した実は食べることも、果汁を搾ったり、薬味として使うことができる点も、庭先果樹として育てるメリットといえる

### 主な柑橘類の栽培適地の目安

| 種類 | 年平均気温 | 冬期の最低気温 |
|---|---|---|
| ユズ、花柚、キンカン、カラタチ | 12℃以上 | −7℃以上 |
| スダチ、カボス | 14℃以上 | −7℃以上 |
| 温州ミカン、レモン、ライム | 15℃以上 | −7℃以上 |
| ハッサク、イヨカン、ネーブル | 16℃以上 | −5℃以上 |
| 夏ミカン、甘夏、ダイダイ、ブンタン | 16℃以上 | −3℃以上 |
| ポンカン | 17℃以上 | −3℃以上 |

注)『よくわかる栽培12か月 柑橘類』(根角博久著、NHK出版)などをもとに加工作成

**柑橘類が大集合**

## ●柑橘類の成分と効用

柑橘類の果実には、総じてビタミンCが多く含まれ、ビタミンA、B₁、B₂などのほか、カルシウム、リン、鉄分、クエン酸なども豊富です。これらの成分が含まれているために、栄養価が高く薬にもなります。たとえば、温州ミカンは、がんの抑制に効果のあるクリプトキサンチンを多く含んでいるために、毎日2〜3個食べるとサプリメントとしての効果があります。手足のヒビやアカギレ、肌荒れには、ユズの種を焼酎に漬けたユズローションが効果があり、ユズの種の粉末は、腰や膝の痛みをやわらげるといわれます。

柑橘類は、常緑果樹なので、1年中青々とした葉を見ることができます。緑の少ない冬場に、それだけでも暖かみを感じさせられることも、家庭果樹に向いた植物だといってよいでしょう。

第4章 柑橘類の育て方・実らせ方

# キンカンの育て方・実らせ方

キンカンの鉢植え

## ●栽培の特性と種類

### 栽培適地

樹や果実は寒さには比較的強いのですが、関東以南の日照量の多い、温暖な気候の地で栽培されるキンカンは、味がよくなります。

徳島県では庭先の柑橘類として、もっとも多く植えられています。

### 原産地

中国南部の原産で、現在、主要な品種になっているニンポウ（寧波）キンカンは、1826年に近江省寧波の船が難破し、修理のために寄港した静岡の清水港から伝わったといわれています。

### 結果樹齢

品種にもよりますが、2～3年から着果し、以後、年齢を重ねるごとに増加する傾向にあります。

### 種類と品種

観賞用など、7種類ほどありますが、生食用だけ紹介しておきましょう。

**ニンポウキンカン、明和キンカン** 一番多く植えられている品種。葉の縁が少し波打ち、味はピリピリするが開花後210日以上経過すると減少します。完熟すると糖度が18度以上で美味しくなります。

**長寿キンカン、福州キンカン** 甘味は少なく、苦みも少ない品種。

**長実キンカン、長キンカン、早生キンカン** 果実の酸味が強く、マーマレードの原料として優れています。

**ぷちまる** 種なし品種で味も良好。

## ●栽培のポイント

### 植え場所

日当たりがよく、排水のよい場所が理想的ですが、やや日陰でも十分育ちます。

### 植えつけ

径80cm、深さ30cmぐらいの植え穴に、苦土石灰2kg、堆肥5kgを土と混ぜて植えます。深植えにならないように注意してください。

### 整枝・剪定

樹勢は普通で、自然のまま放置しても毎年結果します。内部よりも外側ばかりに着果するので、3本主枝の開心自然形にすれば、樹の内部にも着果させられます。枝が細く曲

72

庭植えのキンカン樹姿 　　　　　　キンカンの開花

キンカンの収穫果 　　　　　　キンカンの断面

**結実の確保**　着果しやすく、隔年結果も少ないので、とくに注意する点はありませんが、樹形は自由自在です。2年生以降は、あまり剪定をしないほうがよいでしょう。

**摘蕾・摘果**　早く樹を大きくしたい場合は、幼木のときに樹冠上部の蕾、果実を全部摘むか、3本の主枝候補の先端の花・果実を除いて生長を促します。成木では、10〜15cmの枝で2、3個の着果とします。

**収穫**　開花後150日で成熟し、色づいた果実から順次収穫します。果皮色が赤みを増すまで完熟させたほうが甘味がのり味もよくなります。早く咲く花ほど品質はよく、遅れるほど秋の着色が遅れ、果実にえぐみが残ります。

**病害虫防除**　黒点病の被害を多く見かけるが、かいよう病、そうか病は抵抗性があり、発病しません。また、枝が密な場合、カイガラムシが発生し、スス病がでます。ミカンサビダニ、ミカンハダニの発生に注意し、ユズの防除を参考に実施します。

◆花柚の育て方・実らせ方

●栽培の特性と種類

栽培適地　柑橘類のなかでも、耐寒性がとくに強く、マイナス7℃まで耐え、秋田県、岩手県でも栽培できます。

原産地　原産地は中国長江の上流域で、日本には奈良時代か飛鳥時代に渡来したといわれています。

結果樹齢　実生苗では実がつくまでに10年以上かかります。したがってカラタチに接いだ接ぎ木苗を購入しましょう。また、実つきの鉢植えも植木市などで市販されています。
花柚は「一歳ユズ」の名で販売され、豊産製で実つきがよいことで知られています。

●栽培のポイント

植え場所　日当たりがよく、水はけのよい場所に定植します。樹がコンパクトなため広い場所をとらないので、庭木同様に取り扱えます。また、鉢づくりにも向く品種です。

植えつけ　1～2月の冬期に、定植位置に植え穴（直径100cm、深さ60cm）を掘り、苦土石灰、堆肥、溶燐を混和して穴埋め戻しておき、通常3月下旬～4月上旬に植えつけをします。植えつけた後、土が沈下して深植えにならないよう、接ぎ木部位が地表面より高くなるように植えます。根についている土は軽く洗い落とし、根を広げ、下の根から順次土をかぶせ、軽く押さえて土をかけ、植えます。

植えつけ完了後、十分水やりをし、敷き草・敷きワラをし、さらに水やりをします。支柱をして完了です。

整枝・剪定　3～4年生までは夏梢・秋梢の多くが直立状態に伸長して、半球形の樹冠を形づくります。そこで、少し手を加えて整枝・剪定すれば、自分の思いのままの樹形ができます。実が成りだすと梢枝の伸長が短くなり、開心自然形に整枝した場合、混みあった側枝・緑枝の間引き剪定と下垂した枝を切り返し剪定をして樹を整えます。

梢枝に細く短いトゲがあるので牛皮の手袋をして剪定しましょう。

結実の確保　豊産性の特性をもった品種で、鉢植えをして根域制限し、少し乾燥ぎみに管理すると翌年花がつき実が成ります。露地で隔年結果するのは、年内に収穫しないで成らしておくと果実に養分を収奪され、樹が弱くなるからです。

毎年実を成らせるためには、果汁

が多く出る8月下旬〜9月上旬ころから採集して、調味料として利用すると、樹には養分が蓄積され毎年実が成ります。

**摘蕾・摘果** 蕾が房状につく枝については、小さいころに蕾を摘みとり、9〜10月の枝に3〜4個着花するように摘蕾します。花を料理の吸い物などに浮かべて楽しむ場合、その分多く残すようにします。

樹体栄養を高め、葉が青々として健全な樹であるためには、ユズと同じように肥料を施すことが大切です。

花芽のもとになる炭水化物は、葉で蓄積していますから、葉を乾燥・寒風・低温害などで落葉させないことも大切です。冬期に防寒対策を必ずしましょう。

**収穫** 花柚も香酸柑橘の一品種であり、果汁を料理に使用することから、果汁が多く穫れるようになった果実は、摘蕾、または花を摘むことなどをしません。おいた樹は房状に多く着果しているので、摘果によってぱらりと成っている状態にすれば隔年結果はしません。

花柚の収穫期は、ユズよりいくぶん早く9月上旬から10月下旬までです。果実が小さくしなびやすいので、ポリ袋に入れ、冷蔵庫の野菜室に貯蔵するとよいでしょう。

発育期が収穫期です。9〜10月が果汁がもっとも多く、11月下旬まで果汁が多く搾れます。12月以降、寒さをうけ果汁が凍って、果汁がわずかな量になっても、果皮が凍傷をうけなければ果実は落下しないでいつまでも成ったままでいます。

**病害虫防除** 花柚は柑橘主要病害、かいよう病、そうか病、黒点病のうち、かいよう病に対してはユズと同等に強く、発病はほとんど見られません。

そうか病、黒点病、ミカンハダニ、カイガラムシ類の被害が甚だしい場合は、ユズに準じて防除します。

花柚の着果状態

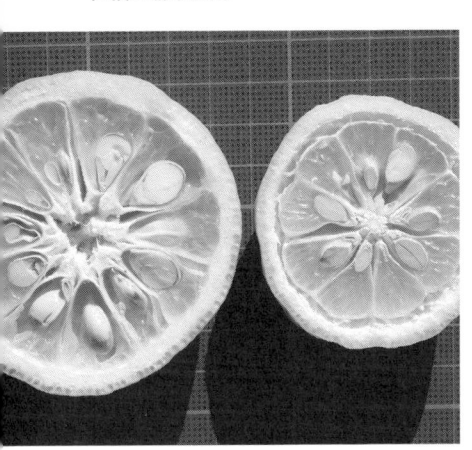

花柚(右)とユズの横断面

# ◆スダチの育て方・実らせ方

●栽培の特性と種類

**栽培適地**
徳島県では、古くから庭先果樹として植えられてきました。寒さや暑さに強く、南は沖縄から、北は関東地方まで栽培できます。

**原産地**
原産地は明確ではありませんが、もっとも古い文献としては、宝永5年（1708）に刊行された、貝原益軒著の『大和本草』に「リマン」という名称で、スダチが説明されています。古木は、徳島県一円にだけ分布し、昭和41年の調査では、阿南市山口町や神山町で、推定350年を経た古木が、健在だったそうです。

**結果樹齢**
接ぎ木してから、2～3年で結果します。年次を重ねても、隔年結果性が軽いことが特徴です。

**種類と品種**
無棘有核種に「徳島1号」「本田系」「神山4号」「酒井系」などがあります。無棘無核種に「新居系」「佐藤系」。有棘有核種には「大東系」「小川系」「速水系」があります。有棘無核種には「森岡系」があります。

スダチの着果状態

●栽培のポイント

**植え場所**　露地栽培の場合、日当たりのよい場所から、やや日陰でも栽培できます。耕土を深くし、排水がよく腐植に富んだ場所を選びましょう。

**植えつけ**　鉢植えの場合、いつでも植えつけは可能ですが、露地の場合は3月中旬から4月中旬に植えます。土壌の酸度は、pH6～6.5が理想的です。排水が悪い場合は、できるだけ盛り土をして高く植え、かつ排水溝をもうけましょう。

**整枝・剪定**　開心自然形にするには、1～5年生くらいまで放置します。その後は、3本主枝の開心自然形とします。樹幅を狭めるには、2～3年生から主幹形にします。

**結実の確保**　通常は、苗を植えつけて2～3年生ころから着果します。施肥量が多すぎたり、通気性が不良で枝伸びが悪かったり、剪定をしすぎると、着果性が悪くなりますので注意してく

さい。また、樹勢が強すぎて結実が不安定な場合は、環状カットで着果を安定させることができます。台風や病で落葉した場合は、即効性の化成肥料を3～4回に分けて施し、枝葉の育成を促進させます。

**摘蕾・摘果** 樹を早く大きくしたい場合は、樹冠上部の花蕾を除いて枝伸びを促します。多くなりすぎた場合は、7月上旬の生理落下が終わるころ、ハサミで摘果します。スダチは、開花後から収穫までの期間が短いので、摘蕾・摘果は早めにおこないます。

**収穫** 徳島県では、通常8月下旬ころから、9月上～中旬までの緑色果を収穫します。9月下旬ころの果実は、緑色も濃く酸味、香気成分も、もっとも多い時期です。家庭用なら、黄色くなりはじめる10月上旬以降、正月までのころが果実重量も増加し、酸味もあり十分楽しむことができます。

**病害虫防除** かいよう病（病原菌は細菌）に弱いのが短所。病気にかかった枝や葉を、徹底的に除去することが大切です。産地ではICボルドー液、無機銅剤を5回散布して完全防除をします。庭先では6月上旬ころの新葉が充実したころから7月上旬までに、2回ICボルドー液を散布します。害虫では、カイガラムシ類が葉や果実につくことがありますから、マシン油乳剤を冬期に散布して防除しましょう。

黄玉になったスダチ

スダチの開花

果実に付着したコナカイガラムシ類

スダチのかいよう病の症状

第4章　柑橘類の育て方・実らせ方

# ◆カボスの育て方・実らせ方

## ●栽培の特性と種類

### 栽培適地

東北地方以南で、気象的には1年間の平均気温が14〜15℃で、温州ミカンの適地より低い気温でも栽培できます。それよりも寒い地方では鉢植えにして、防寒をしてください。

カボスの着果状態

### 原産地

原産地はヒマラヤ地方で、西暦897年に日本へ伝わったともいわれています。大分県には古くから分布しています。臼杵市、竹田市を中心に、樹齢100年を超えるものや、200年以上のものもあります。現在、大分県は全国カボス生産量の90％以上を占める、一大産地になっています。

### 結果樹齢

定植後、4〜5年で結果します。

### 種類と品種

カボスの代表的な品種が「大分1号」。樹勢が強く、樹姿は若木の時期は立ち気味になりますが、成木になるとやや開き気味になります。

「祖母の香」は、後藤正彦氏の園から無核率の高い枝変わりが発見され、

1984年に「祖母の香」の名称で登録された品種です。果実は普通のカボスよりやや小粒。

「香美の川」は佐藤篤文氏の園で、1980年に発見された種無し種。樹勢、樹姿は普通のカボスと変わりませんが、果実はやや小さめです。

## ●栽培のポイント

### 植え場所

日当たりのよい場所なら、どこでもよく育ちます。

### 植えつけ

鉢植えの場合は、時期を選びませんが、露地栽培の場合は、気温が上がってくる3月中旬から4月中旬までに定植します。鉢植えの場合は、7〜8号くらいの鉢を使用します。

### 整枝・剪定

若木時代は徒長ぎみに発育し、枝が下垂します。6年生になると結実により、ある程度、樹が落ち着いてきます。そこで主枝を3本選び、開心自然形に仕立てます。それまでは、着果して下垂した枝のみを切り返し剪定します。

**結実の確保** 豊産性で、よく実をつけますが、結果が過多にならないように早期に摘果します。施肥は、ユズ同様に夏肥重点におこないます。

**摘蕾・摘果** 房状に着花し、果実も同様に着果するものが多いので、摘蕾、摘果は欠かせない作業です。

**収穫** 9月中旬から12月中旬にかけて収穫します。冷蔵庫に保存しておくと2か月は利用できます。ほかの柑橘類と同じですが、とくに注意しなければならない病気は、かいよう病です。

**病害虫防除** ほかの柑橘類と同じですが、とくに注意しなければならない病気は、かいよう病です。
防除は、1回目は発芽前、2回目は春葉が、ほぼ緑色になったとき、3回目は幼果の生理落下の盛期、4回目は夏芽が伸びる時期、5回目は秋芽の伸長時期に防除します。これ以降は、台風などで強風が吹いて、枝や葉に傷がついた直後に防除するようにします。なるべく薬剤にたよらず、罹病枝葉を早期に剪除しましょう。

収穫期のカボス

カボス(左)とユズの横断面

カボスを収穫

第4章 柑橘類の育て方・実らせ方

# ◆レモン、ライムの育て方・実らせ方

## ●栽培の特性と種類

### 栽培適地

レモン、ライムは寒さに弱く、夏冬の寒暖の差が小さい気候の土地が適しています。年の平均気温が15℃以上で、最低気温がマイナス3℃以下にならない地域です。日本では広島、和歌山、四国、九州地方が適地ですが、関東南部くらいでも栽培できます。冬期は、日溜まりになる場所に植えるとよいでしょう。

庭植えのレモン

### 原産地

レモンの原産地はインドのヒマラヤ西部。12世紀ころにヨーロッパに渡り、地中海で栽培されはじめました。長い航海中でのビタミンC補給のために、レモンを積み荷に載せるようになり、世界各地に広がりました。

ライムの原産地もインド北東部で、レモン同様、スペイン人などによって、全世界の熱帯地方に広められました。

### 結果樹齢

レモンもライムも、結果期に入るのは早く、定植後、3年生で結果します。

### 種類と品種

レモンではリスボン、ユーレカが昔から知られた品種です。改良されてトゲが小さくなったクックユーレカ、アレンユーレカ、フロストリスボン、モンローリスボンなどがあります。

ライムの品種では、メキシカンライムと、三倍体で無核のタヒチライムがあります。

## ●栽培のポイント

### 植え場所

日当たりがよく、あまり強風にさらされないような場所を選んで定植します。

### 植えつけ

3月上旬から、4月下旬までの間に植えつけます。冬場は寒風の当たらない場所に植えますが、やむを得ない場合は、保温効果の高い防寒

レモンの開花

資材で防寒しましょう。

**整枝・剪定** 放任しておくと、果梗枝が長いために、樹冠内にぶらさがるように結果します。そこで垂れ下がっている枝を、枝先が地表面から60cm以上になるように切り返し剪定するか、基部から間引き剪定し、残した枝になった果実が、地面に触れない高さに整えます。

**結実の確保** 自家結実性なので、受粉の必要はありません。蕾が多い場合は、葉2～3枚に1個を目安に、摘蕾

ライムの着果状態

収穫期のレモン

レモン2種の切断面

するようにします。

**摘蕾・摘果** 房状に多くの花をつけても、果実になるのは1～3果。2個以上着果しているものは1個残して摘果します。レモンは、四季咲き性といわれますが、実際は5月の春枝に花をつけ、7月の夏枝も花をつけ、9月の秋枝に花をつけます。着花・着果量が多いのは、5月の春咲きの花とその果実で、この果実の品質が最高です。

**収穫** レモンもライムも、樹につけたままにしておくと、どんどん発育します。夏花果の多くは、年内にも収穫できますが、小さいものは、冬期に凍らなければ、4月以降も大きくなります。

**病害虫防除** かいよう病が発生しやすく、罹病した葉はほとんどが落葉するため、結果母枝の花芽分化がおこなわれず、実も成りません。かいよう病は、無機銅剤で防除するとともに、罹病枝葉を早めに剪除します。

81　第4章　柑橘類の育て方・実らせ方

# ◆ダイダイの育て方・実らせ方

ダイダイの開花

### ●栽培の特性と種類

**栽培適地**

ダイダイは、関東以南で栽培されており、果実とも寒さには強い植物です。徳島県では、庭先の柑橘としてキンカン、甘夏に次いで、数多く植えられています。

**原産地**

ヒマラヤが原産で、西暦721年に田島間守（たじまもり）が持ち帰ったといわれています。『本草和名（ほんぞうわみょう）』に「橙」の記載が見られます。一方、アラビアの砂漠を越えて西進したのがサワーオレンジ。また、よく似たカブス（臭橙（しゅうとう））は、中国や日本に分布。とくに日本では、関東で多く見ることができます。

**結果樹齢**

3年生から着果しはじめ、以後、年齢ごとに増加します。成木での隔年結果は少ないほうです。

**種類と品種**

ダイダイは、球形で150g前後。果頂部に放射状のシワがあります。カブスの変種で、正月用のしめ飾りとして使われ、食酢やマーマレードの原料としてはカブスより劣ります。カブスは200g前後で、果頂部にはっきりしない凹環ができます。食酢やマーマレードができます。スペインのセビリアに多く、マーマレードの原料や台木として、世界中で利用されてきました。

### ●栽培のポイント

**植え場所**　日当たりがよく、排水が良好な場所が適していますが、多少日陰でも十分に育てられます。

**植えつけ**　直径80cm、深さ30cm程度の植え穴を掘り、苦土石灰2kg、堆肥5kgを土と混ぜます。深植えにならないように気をつけてください。

**整枝・剪定**　主枝は直立しますが、3本主枝の開心自然形に仕立てるのは簡単です。放置しておいても高さ2～2.5mほどの、開張性の樹姿となります。また、庭の様子に合わせて、たとえば一文字型や、ほかの香酸柑橘類

を数種類接ぎ木するなど、自在な仕立て方をして楽しむこともできます。

**結実の確保** 着果しやすく、隔年結果も少ないので、注意することはありません。3年生以降は、3本主枝の開心自然形に仕立てればよいでしょう。

**摘蕾・摘果** 気をつかう必要はありませんが、早く樹を大きくしたい場合は、幼木時に樹冠の上の蕾や果実を全部摘むか、3本の主枝候補の先端につく花や果実以外は摘んで、生長を促します。

**収穫** 12月ころから、必要に応じて収穫し、次年度の着果対策のため、早めに収穫したほうがよいでしょう。

**病害虫防除** 病害虫には強いほうですが、しめ飾りなどの装飾用には、梅雨期～10月初旬にエムダイファー（水）を、収穫の60日前までに2回以内で散布します。ヤノネカイガラムシにはアプロード（水）を、5月下旬に散布。

ミカンハダニ、ミカンサビダニには、コロマイト（水）を7月上～中旬に散布します。

ただし、自家消費の場合は、病害虫の発生をみてユズに準じた防除をします。

**メモ** 縁起物の柑橘として使われるほか、関西では「なまこ」には、ダイダイの酢がよく合うとされています。ダイダイ、スダチ、カボス、キズ（木酢）を1樹に接ぎ木して庭の片隅に植えて楽しむのもよいでしょう。

ダイダイの着果状態

ダイダイの収穫果（左がダイダイ、右がカブス）

ダイダイをつけたしめ飾り

83　第4章　柑橘類の育て方・実らせ方

# ◆夏ミカン、甘夏の育て方・実らせ方

## ●栽培の特性と種類

### 栽培適地

年平均気温が16.5℃以上の伊豆地方や、和歌山県の南端、九州南部など比較的暖かい地域です。

しかし、一般に温州ミカンがつくれるところであれば栽培できるといわれています。関東地方でも植栽されていますが、冬期の寒害を回避するために、12月下旬から1月上旬に収穫します。

### 原産地

夏ミカンを、日本で最初に経済栽培した土地は山口県萩市。5月になると、さわやかな香りがただよいます。

一方、甘夏は、夏ミカンの枝変わりの品種で、大分県の川野豊氏の夏橙園で発見されたことに由来し、川野夏橙として、品種登録されています。果皮がなめらかで、酸味が少なく食べやすい柑橘です。

### 結果樹齢

3年生ころから結果をはじめ、夏ミカン、甘夏ともに結実性が高く、毎年、多くの果実をつけます。甘夏の皮は厚く、皮の内側の白い綿状の組織である「アルベド層」が、やわらかいのが特徴です。果肉はやわらかくジューシーです。グレープフルーツより糖度は高いのですが、やや酸度もあり食味に優れています。

### 種類と品種

酸が少ない川野夏橙は、甘夏ブームを引きおこし、熊本県、愛媛県ほか全国に広まり、甘夏から紅甘夏、新甘夏、スルガエレガントなどの系統ができました。系統間に品質の差があるので、系統を指名して苗木を求めるよう

甘夏の着果と開花

丸刈りした甘夏の樹姿

にします。

● 栽培のポイント

**植え場所** 冬場、寒風の当たらない日当たりのよい場所が適しています。

**植えつけ** 冬期も日当たりがよく、風が強くなく暖かく、排水の良好な場所であれば、とくに土壌は選びません。

庭先の甘夏

甘夏の着果状態。果実は1個当たり400〜500g

**整枝・剪定** 庭で栽培する場合、場所をとるので変則主幹形や、スリムに育てる主幹形が適しています。3月に収穫する場合、収穫後にほかの柑橘類と同じように、整枝・剪定ができますが、4月以降、発芽や開花、幼果の生育期に入ると、思いきった整枝・剪定がやりにくくなります。そのため、多くは半球形で、外周だけに結果層をもつ樹になります。

4月以降でも切り落とす葉の量を15%くらいにする、かなりの整枝、剪定ができます。

**摘蕾・摘果** 果実の品質を高めるためには、越年後の3月に、小玉果や風に吹かれて傷をおった果、また病害虫の被害をうけた果などを摘果します。

**収穫** 夏ミカンは酸味が強いので、樹に成らしたまま越冬し、5〜6月に収穫します。甘夏で酸が少ないスルガエレガントは2〜3月に収穫します。ほかの甘夏は3〜4月に収穫します。樹上越冬して凍るところは12月に収穫し、ポリ袋に入れ、貯蔵します。

**病害虫防除** かいよう病、そうか病、黒点病、さび病が発生しますが、かいよう病以外は大きな被害を受けていないようです。かいよう病の場合、被害枝葉を剪除し、畑などに埋めます。カイガラムシを冬期にマシン油乳剤で防除すると、栽培しやすくなります。

# ◆ハッサクの育て方・実らせ方

## ●栽培の特性と種類

### 栽培適地

温州ミカンが栽培できる地方。年平均気温が15～16℃以上であれば、つくることができます。

ハッサクの着果状態

### 原産地

ハッサクは、広島県因島市（現・尾道市）田熊町のお寺の境内に実生樹としてあった柑橘類で、お寺の住職が、その価値を認めて栽培をすすめたといわれています。「ハッサク」と呼ばれるようになったのは、陰暦の8月の朔日に食べられるようになったからだといわれています。ちなみに「朔日」というのは「一日」のことです。

ハッサクも夏ミカンと同じように、昭和30年代後半から40年代はじめにかけて広島県、和歌山県、徳島県、愛媛県、熊本県などで増殖されるようになりました。

ところが、グレープフルーツの輸入が自由化され、さらにオレンジの自由化などで大きな打撃を受け、生産量は激減してしまったのです。

### 結果樹齢

ハッサクは、ブンタンの系統を受けついでいる雑柑で、4年で結果しますが、3年で結果する樹もあります。3年生でも、樹が大きければ実をつけても問題はありません。

花は総状につき、花蕾は大きく、花弁は黄白色で厚く、大きくてボリュームがあります。単為結果、自家結実をしますが、より結実性を高めるには、甘夏を混植して交配をはかるようにし

ハッサクの開花

ハッサクの樹姿

ハッサクの切断面

ます。

### 種類と品種

果皮がダイダイ色に着色する「濃間紅ハッサク」「和紅ハッサク」と、果皮が薄く滑らかで、果汁の酸度が低い「早生ハッサク」が、枝変わり系統としてできました。

### ●栽培のポイント

**植え場所** 冬場に、あまり寒風にさらされない、日がよく当たる場所が適しています。

**整枝・剪定** ハッサクの樹は大木になるので、幼木のころから整枝をおこない、主枝、亜主枝、側枝の確立をはかります。15年以上の成木になると、樹の容積が大きく、収穫、防除の作業に労力がかかります。そこで、主枝の先端部、亜主枝の先端部より下で切り返し剪定をおこない、樹容積を短縮します。

**結実の確保 摘蕾・摘果** 果実が大きいので、1果につき葉が80～100枚は必要で、果実の品質を維持するために小玉果、風などで傷がついた果、病害虫に侵された果は、7～8月に摘果します。

**収穫** 11月下旬ころから、落果が見られるような地域では、この時期に収穫します。収穫にあたって、もぎ取れる果実はもぎ取り、できない果実ははさみで収穫します。冬場でも暖かい地方では、樹につけたまま越冬させ、3～4月に収穫すると味がよくなります。また、樹上越冬にむかない地方でも、1月まで寒害を受けないところでは、1月に収穫すると品質がよくなります。これら以外の地域では、寒害を受けない12月上旬に収穫するとよいでしょう。

**病害虫防除** そうか病、かいよう病、黒点病の主要病害が発生します。カイガラムシ類、アブラムシ、ミカンハダニ、ハモグリガの被害を受けます。病害虫が発生した場合、ユズに準じた防除をします。

# ◆温州ミカンの育て方・実らせ方

## ●栽培の特性と種類

### 栽培適地

耐寒性があり、冬期の気温がマイナス4〜5℃くらいまでなら鉢植えはもちろん、庭植えでも育てることができます。

### 原産地

温州ミカンは、鹿児島県出水市長島で発見され、品質が優秀であったことから、全国の柑橘産地に広がりました。原産地は日本ですが、先祖は中国という複雑な経歴をもっています。わが国原産の常緑果樹では栽培面積、生産量ともにもっとも多い果樹です。いろいろなミカンがありますが、ミカンといえば、いまでは温州ミカンをさすほどです。

### 結果樹齢

温州ミカンは、全国的に栽培され、9月に熟す極早生ミカンから、12月に熟す晩生ミカンまで、多くの系統が選抜され、地域のブランド品となっています。結果樹齢は3〜4年生ですが、極早生温州は結果期にはいるのが早いです。

### 種類と品種

たくさんの系統、品種があります。
「極早生温州」は9月中旬から色づき、酸味も抜けて食べられるようになります。「早生温州」のなかには、10月中〜下旬に完熟する「宮川早生」「興津早生」があります。「南柑20号」は、四国や瀬戸内海沿岸で多く栽培されており、10月下旬に着色し、11月上旬に完熟します。この熟期の系統は多く、各県にあります。晩生温州には「青島」「十方」「今村」などがあり、11月下旬から12月中旬に着色します。産地では収穫した果実を貯蔵庫で貯蔵し、翌年

温州ミカンの鉢植え

植木市の鉢植え温州ミカン

88

の2〜3月に出荷します。

● 栽培のポイント

**植え場所** 耐寒性はありますが、冬場に、なるべく寒風にさらされないような場所が適しています。

**植えつけ** 通常、3月上旬から4月下旬ごろに植えつけるようにします。

**整枝・剪定** 放置しておくと、半球形の樹冠になります。開心自然形が一般的です。3年生になると枝数も多く

なり、主枝候補の枝を選びやすくなります。主枝候補は45度の角度で、斜めに立てた支柱に結びつけて誘引します。成木は、樹の中心に近い立ち枝を3本選び、結果母枝が多い立ち枝を、主枝の先端と見極めて剪定します。

**結実の確保** 毎年、実を成らすには樹の負担を早めに軽減することです。そのため、夏肥、秋肥を摘期に施用します。

**摘蕾・摘果** 6〜7月に、25枚の葉

早生ミカンの着果状態

温州ミカンの切断面

に1果を目安に摘果すれば、晩生温州以外は、隔年結果を防止することができ、高品質のミカンをつくることができます。

**収穫** 果実の着色具合で、成熟度を知ることができます。七分くらい着色したところで収穫をはじめますが、完全に着色した状態で収穫する場合もあります。多くの品種・系統は、九分着色まで成熟すると浮き皮になり、貯蔵力が落ちます。極端な浮き皮になると、糖度や酸味が少なくなり味ボケします。

**病害虫防除** 温州ミカンに寄生する主要な病害虫は、そうか病、かいよう病、黒点病、ミカンハダニ、ゴマダラカミキリムシ、カイガラムシ類、アブラムシ、ミカンハモグリガなどがあげられます。

カイガラムシには、冬期にマシン油乳剤を散布します。ほかの病害虫防除はユズに準じておこないます。

89　第4章　柑橘類の育て方・実らせ方

# ◆カラタチの育て方・実らせ方

## ●栽培の特性と種類

**栽培適地**
日当たりと排水のよい場所が適しています。寒さには強く、ほぼ全国的に栽培されています。

**原産地**
中国揚子江（ようすこう）の上流部が原産で、河北、山東から広東、広西省まで分布しています。

日本には8世紀に入ってきたといわれ、『万葉集』に「カラタチバナ」の名前がありますが、渡来したのは明確には分かっていません。

**結果樹齢**
普通系は播種後、5、6年生から結果をはじめます。観賞用の「峰晴」は、花数は少ないのですが、2年生から着果します。

## 種類と品種

カラタチは、日本の柑橘類のほとんどの台木として用いられているのが、普通系のカラタチです。

ほかにも小葉系、大葉系、ルビドー系、ヒリュウ（飛竜）、ウンリュウ（雲竜）、花月系、田上系、04など数多くの系統があります。このうち、ウンリュウは矮性なので観賞用に適しています。

## ●栽培のポイント

**植え場所**
観賞用の場合、生長したときにトゲが危険なことと、ほかの植栽種との関係、手入れの可否を考慮しながら、植える場所を考える必要があります。

**植えつけ**
台木を育てる場合は、10月に採種し、洗浄後、冷蔵して3月に播種、1年間育て、2年以降の春または夏（8月中〜下旬）に接ぎ木繁殖します。

観賞用の場合は、トゲが多いこともあり、なるべく小さく育てるため、径30cm、深さ20cm程度の小さい穴を掘って植えるようにします。

**整枝・剪定**
樹勢は中庸で、放置すると逆三角形の樹姿となります。トゲが多いため、放置しがちのうえ、春枝にしか着果しないので、内部が禿げあがり、外周部のみに着果します。また、内部に枯死枝が残りやすいことからも、3本の主枝を開き、手を内部に入れやすい形にします。

**結実の確保**
隔年結果性は弱く、栽培は容易です。

**摘蕾・摘果**
とくに必要はありません。

**収穫**
着色、成熟は早く、10月には収穫します。

# ◆柑橘類の地方品種いろいろ

## ●珍しい地方品種

### キズ（木酢）

北九州原産で福岡、佐賀県下に散在。産地もなく、販売もされていません。果実はスダチに似た扁球形で50ｇ内外、4〜5ｃｍ。スダチの近縁種ですが、ユズ臭はありません。

### シークワーサ

奄美大島以南の南西諸島、沖縄県、台湾にかけて分布。タチバナとコミカンの自然交配でできた柑橘といわれています。果実は扁平形で25〜40ｇ程度。酸味は強く淡黄橙色です。

### 田熊スダチ＝ナオシチ（直七）

広島県因島市田熊町（現・尾道市）で田中論一郎博士が調査し、命名したものです。20年ほど前に、高知県の物部村（現・香美市）と夜須町（現・香南市）で栽培されていました。扁円形で100〜150ｇ程度、大きさは不揃いです。果肉は黄白色で、強い酸味。魚の行商をしていた直七という人が魚と一緒に売り歩いたので、ナオシチの名前になったといわれています。

### ナガトユズキチ（長門ユズキチ）

山口県田万川町（現・萩市）にあった原木から広がり、250年以上前から、庭先果樹として栽培されてきました。平成10年代に入り長門市俵山地区、下関市豊北町田耕地区に新産地ができました。果実の外観はスダチに似ていますが、成熟すると100ｇ程度。ユズとスダチをブレンドしたような独特の香りがあり、果汁歩合は40％と高いのが特徴です。

### ユコウ（柚柑）

徳島県上勝町、神山町などで栽培。江戸時代以前に、香橙とユズが自然交雑してできたといわれています。果実は平均140ｇですが不揃い。寿司酢やポン酢の原料として人気があります。

### シシユズ（獅子柚）

東南アジアから、渡来したといわれています。果実の大きさ15ｃｍ大、重さは1000ｇを超えます。外観はユズに似ていますが、ブンタンの一種。酸味は強く、果皮と綿部を砂糖漬けしたものが、昔から食されてきました。

### ジャバラ

和歌山県北山村に古くからあり、唯一の産地となっています。果実の外観は球形で、凹凸の激しい果皮が特徴です。重さは170ｇ程度。

### キシュウミカン（紀州ミカン）

和歌山県有田市の特産物で、紀国屋文左衛門が江戸へ運んだミカンとして知られています。35ｇ程度で芳香があり、果汁歩合も40％あり、糖度が高いのも特徴です。

収穫したユズの果実(山根)

●

|デザイン|──|寺田有恒　ビレッジ・ハウス|
|撮影|──|蜂谷秀人　野町 豊　三戸森弘康|
| | |三宅 岳　熊谷 正　樫山信也|
| | |徳島県農業総合支援センター果樹研究所　ほか|
|撮影協力|──|音井てるみ|
|本文イラストレーション|──|おちあいけいこ|
|執筆協力|──|酒井茂之|
|校正|──|吉田 仁|

## 著者プロフィール

●音井 格（おとい のぼる）

　1942年、徳島県生まれ。静岡県柑橘試験場研究生修了。徳島県果樹試験場、徳島県農業改良普及センターなどに勤務。1997年より徳島県果樹試験場専門研究員、科学科科長などを歴任。現在、ＪＡ名西郡にて営農指導のかたわらユズを主力にスダチ、レモン、ライム、花柚、ハッサクなどの柑橘類の栽培・研究に取り組む。
　著書に『ユズ〜栽培から加工・売り方まで〜』（農文協）など

育てて楽しむユズ・柑橘　栽培・利用加工

2009年6月23日　第1刷発行
2019年10月21日　第2刷発行

著　　者——音井　格
発 行 者——相場博也
発 行 所——株式会社 創森社
　　　　　〒162-0805 東京都新宿区矢来町96-4
　　　　　TEL 03-5228-2270　FAX 03-5228-2410
　　　　　http://www.soshinsha-pub.com
　　　　　振替 00160-7-770406
組　　版——有限会社 天龍社
印刷製本——中央精版印刷株式会社

落丁・乱丁本はおとりかえします。定価は表紙カバーに表示してあります。
本書の一部あるいは全部を無断で複写、複製することは、法律で定められた場合を除き、著作権および出版社の権利の侵害となります。
ⓒNoboru Otoi 2009　Printed in Japan ISBN978-4-88340-234-2 C0061

# 〝食・農・環境・社会一般〟の本

創森社 〒162-0805 東京都新宿区矢来町96-4
TEL 03-5228-2270　FAX 03-5228-2410
http://www.soshinsha-pub.com
＊表示の本体価格に消費税が加わります

|  |  |  |
|---|---|---|
| ミミズと土と有機農業 | 中村好男 著 | A5判128頁1600円 |
| すぐにできるオイル缶炭やき術 | 深澤光 著 | A5判216頁2381円 |
| 薪割り礼讃 | 溝口秀士 著 | A5判112頁1238円 |
| 病と闘う食事 | 境野米子 著 | A5判224頁1714円 |
| 焚き火大全 | 吉長成恭・関根秀樹・中川重年 編 | A5判356頁2800円 |
| 玄米食 完全マニュアル | 境野米子 著 | A5判96頁1333円 |
| 手づくり石窯BOOK | 中川重年 編 | A5判152頁1500円 |
| 豆屋さんの豆料理 | 長谷部美野子 著 | A5判112頁1300円 |
| 雑穀つぶつぶスイート | 木幡恵 著 | A5判112頁1400円 |
| 不耕起でよみがえる | 岩澤信夫 著 | A5判276頁2200円 |
| すぐにできるドラム缶炭やき術 | 杉浦銀治・広若剛士 監修 | A5判132頁1300円 |
| 竹炭・竹酢液 つくり方生かし方 | 杉浦銀治ほか 監修 | A5判244頁1800円 |
| 竹垣デザイン実例集 | 古河功 著 | A4変型判160頁3800円 |
| 毎日おいしい 無発酵の雑穀パン | 木幡恵 著 | A5判112頁1400円 |

|  |  |  |
|---|---|---|
| 自然農への道 | 川口由一 編著 | A5判228頁1905円 |
| 素肌にやさしい手づくり化粧品 | 境野米子 著 | A5判128頁1400円 |
| ブルーベリー全書 〜品種・栽培・利用加工〜 | 日本ブルーベリー協会 編 | A5判416頁2857円 |
| おいしい にんにく料理 | 佐野房来 著 | A5判96頁1300円 |
| 竹・笹のある庭〜観賞と植栽〜 | 柴田昌三 著 | A4変型判160頁3800円 |
| 自然栽培ひとすじに | 木村秋則 著 | A5判164頁1600円 |
| 育てて楽しむ ブルーベリー12か月 | 玉田孝人・福田俊 著 | A5判96頁1300円 |
| 炭・木竹酢液の用語事典 | 谷田貝光克 監修 木質炭化学会 編 | A5判384頁4000円 |
| 園芸福祉入門 | 日本園芸福祉普及協会 編 | A5判228頁1524円 |
| 割り箸が地域と地球を救う | 佐藤敬一・鹿住貴之 著 | A5判96頁1000円 |
| 育てて楽しむ タケ・ササ 手入れのコツ | 内村悦三 著 | A5判112頁1300円 |
| 育てて楽しむ 雑穀 栽培・加工・利用 | 郷田和夫 著 | A5判120頁1400円 |
| 育てて楽しむ ユズ・柑橘 栽培・利用加工 | 音井格 著 | A5判96頁1400円 |
| 石窯づくり 早わかり | 須藤章 著 | A5判108頁1400円 |

|  |  |  |
|---|---|---|
| ブドウの根域制限栽培 | 今井俊治 著 | B5判80頁2400円 |
| 農に人あり志あり | 岸康彦 編 | A5判344頁2200円 |
| 現代に生かす竹資源 | 内村悦三 監修 | A5判220頁2000円 |
| はじめよう! 自然農業 | 趙漢珪 監修 姫野祐子 編 | A5判268頁1800円 |
| 農の技術を拓く | 西尾敏彦 著 | 四六判288頁1600円 |
| 東京シルエット | 成田一徹 著 | 四六判264頁1600円 |
| 玉子と土といのちと | 菅野芳秀 著 | 四六判220頁1500円 |
| 生きもの豊かな自然耕 | 岩澤信夫 著 | 四六判212頁1500円 |
| 自然農の野菜づくり | 川口由一 監修 高橋浩昭 著 | A5判236頁1905円 |
| 菜の花エコ事典〜ナタネの育て方・生かし方〜 | 藤井絢子 編著 | A5判196頁1600円 |
| ブルーベリーの観察と育て方 | 玉田孝人・福田俊 著 | A5判120頁1400円 |
| パーマカルチャー〜自給自立の農的暮らしに〜 | パーマカルチャー・センター・ジャパン 編 | B5変型判280頁2600円 |
| 巣箱づくりから自然保護へ | 飯田知彦 著 | A5判276頁1800円 |
| 東京スケッチブック | 小泉信一 著 | 四六判272頁1500円 |

# "食・農・環境・社会一般"の本

創森社　〒162-0805　東京都新宿区矢来町96-4
TEL 03-5228-2270　FAX 03-5228-2410
https://www.soshinsha-pub.com
＊表示の本体価格に消費税が加わります

**病と闘うジュース**　境野米子著　A5判88頁1200円

**農家レストランの繁盛指南**　高桑隆著　A5判200頁1800円

**ミミズのはたらき**　中村好男編著　A5判144頁1600円

**野菜の種はこうして採ろう**　船越建明著　A5判196頁1500円

**いのちの種を未来に**　野口勲著　A5判188頁1500円

**里山創生〜神奈川・横浜の挑戦〜**　佐土原聡 他編　A5判260頁1905円

**移動できて使いやすい薪窯づくり指南**　深澤光編著　A5判148頁1500円

**固定種野菜の種と育て方**　野口勲・関野幸生著　A5判220頁1800円

**原発廃止で世代責任を果たす**　篠原孝著　四六判320頁1600円

**市民皆農〜食と農のこれまで・これから〜**　山下惣一・中島正著　四六判280頁1600円

**さようなら原発の決意**　鎌田慧著　四六判304頁1400円

**農をつなぐ仕事**　川口由一監修　三井和夫 他著　A5判204頁1905円

**自然農の果物づくり**　川口由一監修　三井和夫 他著　A5判184頁1800円

**農福連携による障がい者就農**　近藤龍良編著　A5判168頁1800円

**農は輝ける**　星寛治・山下惣一著　四六判208頁1400円

**農産加工食品の繁盛指南**　島巣研二著　A5判240頁2000円

**自然農の米づくり**　川口由一監修　大植久美・吉村優男著　A5判220頁1905円

**大磯学――自然、歴史、文化との共生モデル**　伊藤嘉三・小中陽太郎 他編　四六判144頁1200円

**種から種へつなぐ**　西川芳昭編　A5判256頁1800円

**農産物直売所は生き残れるか**　二木季男著　A5判272頁1600円

**地域からの農業再興**　蔦谷栄一著　四六判344頁1600円

**自然農にいのち宿りて**　川口由一著　A5判508頁3500円

**快適エコ住まいの炭のある家**　谷田貝光克監修　炭焼三太郎編著　A5判220頁1800円

**植物と人間の絆**　チャールズ・A・ルイス著　吉長成恭監訳　A5判100頁1500円

**農本主義へのいざない**　宇根豊著　四六判328頁1800円

**農的社会をひらく**　蔦谷栄一著　A5判256頁1800円

**文化昆虫学事始め**　三橋淳・小西正泰編　四六判276頁1800円

**小農救国論**　山下惣一著　四六判224頁1500円

**タケ・ササ総図典**　内村悦三著　A5判272頁2800円

**現代農業考〜「農」受容と社会の輪郭〜**　工藤昭彦著　A5判176頁2000円

**野菜品種はこうして選ぼう**　鈴木光一著　A5判180頁1800円

図解 **よくわかるブルーベリー栽培**　玉田孝人・福田俊著　A5判168頁1800円

**よく効く手づくり野草茶**　境野米子著　A5判136頁1300円

**パーマカルチャー事始め**　臼井健二・臼井朋子著　A5判152頁1600円

育てて楽しむ **ブドウ** 栽培・利用加工　小林和司著　A5判104頁1300円

育てて楽しむ **種採り事始め**　福田俊著　A5判112頁1300円

育てて楽しむ **ウメ** 栽培・利用加工　大坪孝之著　A5判112頁1300円

超かんたん **梅酒・梅干し・梅料理**　山口由美著　A5判96頁1200円

育てて楽しむ **サンショウ** 栽培・利用加工　真野隆司編　A5判96頁1400円

育てて楽しむ **オリーブ** 栽培・利用加工　柴田英明編　A5判112頁1400円

**ソーシャルファーム**　NPO法人あうるず編　A5判228頁2200円

**虫塚紀行**　柏田雄三著　四六判248頁1800円

# "食・農・環境・社会一般"の本

創森社　〒162-0805 東京都新宿区矢来町96-4
TEL 03-5228-2270　FAX 03-5228-2410
http://www.soshinsha-pub.com
＊表示の本体価格に消費税が加わります

**農の福祉力で地域が輝く**
濱田健司 著　A5判144頁1800円

**育てて楽しむ エゴマ　栽培・利用加工**
服部圭子 著　A5判104頁1400円

**図解 よくわかるブドウ栽培**
小林和司 著　A5判184頁2000円

**育てて楽しむ イチジク　栽培・利用加工**
細見彰洋 著　A5判100頁1400円

**おいしいオリーブ料理**
木村かほる 著　A5判100頁1400円

**身土不二の探究**
山下惣一 著　四六判240頁2000円

**消費者も育つ農場**
片柳義春 著　A5判160頁1800円

**農福一体のソーシャルファーム**
新井利昌 著　A5判160頁1800円

**西川綾子の花ぐらし**
西川綾子 著　四六判236頁1400円

**解読 花壇綱目**
青木宏一郎 著　A5判132頁2200円

**ブルーベリー栽培事典**
玉田孝人 著　A5判384頁2800円

**育てて楽しむ スモモ　栽培・利用加工**
新谷勝広 著　A5判100頁1400円

**育てて楽しむ キウイフルーツ**
村上覚 ほか著　A5判132頁1500円

**ブドウ品種総図鑑**
植原宣紘 編著　A5判216頁2800円

**育てて楽しむ レモン　栽培・利用加工**
大坪孝之 監修　A5判106頁1400円

**未来を耕す農的社会**
蔦谷栄一 著　A5判280頁1800円

**農の生け花とともに**
小宮満子 著　A5判84頁1400円

**育てて楽しむ サクランボ　栽培・利用加工**
富田晃 著　A5判100頁1400円

**炭やき教本〜簡単窯から本格窯まで〜**
恩方一村逸品研究所 編　A5判176頁2000円

**九十歳 野菜技術士の軌跡と残照**
板木利隆 著　四六判292頁1800円

**エコロジー炭暮らし術**
炭文化研究所 編　A5判144頁1600円

**図解 巣箱のつくり方かけ方**
飯田知彦 著　A5判112頁1400円

**とっておき手づくり果実酒**
大和富美子 著　A5判132頁1300円

**分かち合う農業CSA**
波多野豪・唐崎卓也 編著　A5判280頁2200円